JOURNAL DE CAISSE

AUTO-ENTREPRENEUR / MICRO-ENTREPRISE

Raison Sociale

Établissement

Adresse de l'établissement

Numero SIRET

Mois _____   20 _____

N°	Date	Réf.	Client	Désignation	Dépenses	Recettes	Moyen de paiement	Solde
1					.... , ...	.... , ...		.... , ...
2					.... , ...	.... , ...		.... , ...
3					.... , ...	.... , ...		.... , ...
4					.... , ...	.... , ...		.... , ...
5					.... , ...	.... , ...		.... , ...
6					.... , ...	.... , ...		.... , ...
7					.... , ...	.... , ...		.... , ...
8					.... , ...	.... , ...		.... , ...
9					.... , ...	.... , ...		.... , ...
10					.... , ...	.... , ...		.... , ...
11					.... , ...	.... , ...		.... , ...
12					.... , ...	.... , ...		.... , ...
13					.... , ...	.... , ...		.... , ...
14					.... , ...	.... , ...		.... , ...
15					.... , ...	.... , ...		.... , ...
16					.... , ...	.... , ...		.... , ...
17					.... , ...	.... , ...		.... , ...
18					.... , ...	.... , ...		.... , ...
19					.... , ...	.... , ...		.... , ...
20					.... , ...	.... , ...		.... , ...
21					.... , ...	.... , ...		.... , ...
22					.... , ...	.... , ...		.... , ...
23					.... , ...	.... , ...		.... , ...
24					.... , ...	.... , ...		.... , ...
25					.... , ...	.... , ...		.... , ...
26					.... , ...	.... , ...		.... , ...
27					.... , ...	.... , ...		.... , ...
28					.... , ...	.... , ...		.... , ...
29					.... , ...	.... , ...		.... , ...
30					.... , ...	.... , ...		.... , ...
							Total	.... , ...

Mois   20

N°	Date	Réf.	Client	Désignation	Dépenses	Recettes	Moyen de paiement	Solde
1					.... , ...	.... , ...		.... , ...
2					.... , ...	.... , ...		.... , ...
3					.... , ...	.... , ...		.... , ...
4					.... , ...	.... , ...		.... , ...
5					.... , ...	.... , ...		.... , ...
6					.... , ...	.... , ...		.... , ...
7					.... , ...	.... , ...		.... , ...
8					.... , ...	.... , ...		.... , ...
9					.... , ...	.... , ...		.... , ...
10					.... , ...	.... , ...		.... , ...
11					.... , ...	.... , ...		.... , ...
12					.... , ...	.... , ...		.... , ...
13					.... , ...	.... , ...		.... , ...
14					.... , ...	.... , ...		.... , ...
15					.... , ...	.... , ...		.... , ...
16					.... , ...	.... , ...		.... , ...
17					.... , ...	.... , ...		.... , ...
18					.... , ...	.... , ...		.... , ...
19					.... , ...	.... , ...		.... , ...
20					.... , ...	.... , ...		.... , ...
21					.... , ...	.... , ...		.... , ...
22					.... , ...	.... , ...		.... , ...
23					.... , ...	.... , ...		.... , ...
24					.... , ...	.... , ...		.... , ...
25					.... , ...	.... , ...		.... , ...
26					.... , ...	.... , ...		.... , ...
27					.... , ...	.... , ...		.... , ...
28					.... , ...	.... , ...		.... , ...
29					.... , ...	.... , ...		.... , ...
30					.... , ...	.... , ...		.... , ...
							Total	.... , ...

Mois _____   20 _____

N°	Date	Réf.	Client	Désignation	Dépenses	Recettes	Moyen de paiement	Solde
1					.... , ...	.... , ...		.... , ...
2					.... , ...	.... , ...		.... , ...
3					.... , ...	.... , ...		.... , ...
4					.... , ...	.... , ...		.... , ...
5					.... , ...	.... , ...		.... , ...
6					.... , ...	.... , ...		.... , ...
7					.... , ...	.... , ...		.... , ...
8					.... , ...	.... , ...		.... , ...
9					.... , ...	.... , ...		.... , ...
10					.... , ...	.... , ...		.... , ...
11					.... , ...	.... , ...		.... , ...
12					.... , ...	.... , ...		.... , ...
13					.... , ...	.... , ...		.... , ...
14					.... , ...	.... , ...		.... , ...
15					.... , ...	.... , ...		.... , ...
16					.... , ...	.... , ...		.... , ...
17					.... , ...	.... , ...		.... , ...
18					.... , ...	.... , ...		.... , ...
19					.... , ...	.... , ...		.... , ...
20					.... , ...	.... , ...		.... , ...
21					.... , ...	.... , ...		.... , ...
22					.... , ...	.... , ...		.... , ...
23					.... , ...	.... , ...		.... , ...
24					.... , ...	.... , ...		.... , ...
25					.... , ...	.... , ...		.... , ...
26					.... , ...	.... , ...		.... , ...
27					.... , ...	.... , ...		.... , ...
28					.... , ...	.... , ...		.... , ...
29					.... , ...	.... , ...		.... , ...
30					.... , ...	.... , ...		.... , ...
							Total	.... , ...

Mois   20

N°	Date	Réf.	Client	Désignation	Dépenses	Recettes	Moyen de paiement	Solde
1					.... , ...	.... , ...		.... , ...
2					.... , ...	.... , ...		.... , ...
3					.... , ...	.... , ...		.... , ...
4					.... , ...	.... , ...		.... , ...
5					.... , ...	.... , ...		.... , ...
6					.... , ...	.... , ...		.... , ...
7					.... , ...	.... , ...		.... , ...
8					.... , ...	.... , ...		.... , ...
9					.... , ...	.... , ...		.... , ...
10					.... , ...	.... , ...		.... , ...
11					.... , ...	.... , ...		.... , ...
12					.... , ...	.... , ...		.... , ...
13					.... , ...	.... , ...		.... , ...
14					.... , ...	.... , ...		.... , ...
15					.... , ...	.... , ...		.... , ...
16					.... , ...	.... , ...		.... , ...
17					.... , ...	.... , ...		.... , ...
18					.... , ...	.... , ...		.... , ...
19					.... , ...	.... , ...		.... , ...
20					.... , ...	.... , ...		.... , ...
21					.... , ...	.... , ...		.... , ...
22					.... , ...	.... , ...		.... , ...
23					.... , ...	.... , ...		.... , ...
24					.... , ...	.... , ...		.... , ...
25					.... , ...	.... , ...		.... , ...
26					.... , ...	.... , ...		.... , ...
27					.... , ...	.... , ...		.... , ...
28					.... , ...	.... , ...		.... , ...
29					.... , ...	.... , ...		.... , ...
30					.... , ...	.... , ...		.... , ...
							Total	.... , ...

Mois   20

N°	Date	Réf.	Client	Désignation	Dépenses	Recettes	Moyen de paiement	Solde
1					.... , ...	.... , ...		.... , ...
2					.... , ...	.... , ...		.... , ...
3					.... , ...	.... , ...		.... , ...
4					.... , ...	.... , ...		.... , ...
5					.... , ...	.... , ...		.... , ...
6					.... , ...	.... , ...		.... , ...
7					.... , ...	.... , ...		.... , ...
8					.... , ...	.... , ...		.... , ...
9					.... , ...	.... , ...		.... , ...
10					.... , ...	.... , ...		.... , ...
11					.... , ...	.... , ...		.... , ...
12					.... , ...	.... , ...		.... , ...
13					.... , ...	.... , ...		.... , ...
14					.... , ...	.... , ...		.... , ...
15					.... , ...	.... , ...		.... , ...
16					.... , ...	.... , ...		.... , ...
17					.... , ...	.... , ...		.... , ...
18					.... , ...	.... , ...		.... , ...
19					.... , ...	.... , ...		.... , ...
20					.... , ...	.... , ...		.... , ...
21					.... , ...	.... , ...		.... , ...
22					.... , ...	.... , ...		.... , ...
23					.... , ...	.... , ...		.... , ...
24					.... , ...	.... , ...		.... , ...
25					.... , ...	.... , ...		.... , ...
26					.... , ...	.... , ...		.... , ...
27					.... , ...	.... , ...		.... , ...
28					.... , ...	.... , ...		.... , ...
29					.... , ...	.... , ...		.... , ...
30					.... , ...	.... , ...		.... , ...

Total .... , ...

Mois   20

N°	Date	Réf.	Client	Désignation	Dépenses	Recettes	Moyen de paiement	Solde
1					.... , ...	.... , ...		.... , ...
2					.... , ...	.... , ...		.... , ...
3					.... , ...	.... , ...		.... , ...
4					.... , ...	.... , ...		.... , ...
5					.... , ...	.... , ...		.... , ...
6					.... , ...	.... , ...		.... , ...
7					.... , ...	.... , ...		.... , ...
8					.... , ...	.... , ...		.... , ...
9					.... , ...	.... , ...		.... , ...
10					.... , ...	.... , ...		.... , ...
11					.... , ...	.... , ...		.... , ...
12					.... , ...	.... , ...		.... , ...
13					.... , ...	.... , ...		.... , ...
14					.... , ...	.... , ...		.... , ...
15					.... , ...	.... , ...		.... , ...
16					.... , ...	.... , ...		.... , ...
17					.... , ...	.... , ...		.... , ...
18					.... , ...	.... , ...		.... , ...
19					.... , ...	.... , ...		.... , ...
20					.... , ...	.... , ...		.... , ...
21					.... , ...	.... , ...		.... , ...
22					.... , ...	.... , ...		.... , ...
23					.... , ...	.... , ...		.... , ...
24					.... , ...	.... , ...		.... , ...
25					.... , ...	.... , ...		.... , ...
26					.... , ...	.... , ...		.... , ...
27					.... , ...	.... , ...		.... , ...
28					.... , ...	.... , ...		.... , ...
29					.... , ...	.... , ...		.... , ...
30					.... , ...	.... , ...		.... , ...
							Total	.... , ...

Mois   20

N°	Date	Réf.	Client	Désignation	Dépenses	Recettes	Moyen de paiement	Solde
1					.... , ...	.... , ...		.... , ...
2					.... , ...	.... , ...		.... , ...
3					.... , ...	.... , ...		.... , ...
4					.... , ...	.... , ...		.... , ...
5					.... , ...	.... , ...		.... , ...
6					.... , ...	.... , ...		.... , ...
7					.... , ...	.... , ...		.... , ...
8					.... , ...	.... , ...		.... , ...
9					.... , ...	.... , ...		.... , ...
10					.... , ...	.... , ...		.... , ...
11					.... , ...	.... , ...		.... , ...
12					.... , ...	.... , ...		.... , ...
13					.... , ...	.... , ...		.... , ...
14					.... , ...	.... , ...		.... , ...
15					.... , ...	.... , ...		.... , ...
16					.... , ...	.... , ...		.... , ...
17					.... , ...	.... , ...		.... , ...
18					.... , ...	.... , ...		.... , ...
19					.... , ...	.... , ...		.... , ...
20					.... , ...	.... , ...		.... , ...
21					.... , ...	.... , ...		.... , ...
22					.... , ...	.... , ...		.... , ...
23					.... , ...	.... , ...		.... , ...
24					.... , ...	.... , ...		.... , ...
25					.... , ...	.... , ...		.... , ...
26					.... , ...	.... , ...		.... , ...
27					.... , ...	.... , ...		.... , ...
28					.... , ...	.... , ...		.... , ...
29					.... , ...	.... , ...		.... , ...
30					.... , ...	.... , ...		.... , ...
							Total	.... , ...

Mois   20

N°	Date	Réf.	Client	Désignation	Dépenses	Recettes	Moyen de paiement	Solde
1					.... , ...	.... , ...		.... , ...
2					.... , ...	.... , ...		.... , ...
3					.... , ...	.... , ...		.... , ...
4					.... , ...	.... , ...		.... , ...
5					.... , ...	.... , ...		.... , ...
6					.... , ...	.... , ...		.... , ...
7					.... , ...	.... , ...		.... , ...
8					.... , ...	.... , ...		.... , ...
9					.... , ...	.... , ...		.... , ...
10					.... , ...	.... , ...		.... , ...
11					.... , ...	.... , ...		.... , ...
12					.... , ...	.... , ...		.... , ...
13					.... , ...	.... , ...		.... , ...
14					.... , ...	.... , ...		.... , ...
15					.... , ...	.... , ...		.... , ...
16					.... , ...	.... , ...		.... , ...
17					.... , ...	.... , ...		.... , ...
18					.... , ...	.... , ...		.... , ...
19					.... , ...	.... , ...		.... , ...
20					.... , ...	.... , ...		.... , ...
21					.... , ...	.... , ...		.... , ...
22					.... , ...	.... , ...		.... , ...
23					.... , ...	.... , ...		.... , ...
24					.... , ...	.... , ...		.... , ...
25					.... , ...	.... , ...		.... , ...
26					.... , ...	.... , ...		.... , ...
27					.... , ...	.... , ...		.... , ...
28					.... , ...	.... , ...		.... , ...
29					.... , ...	.... , ...		.... , ...
30					.... , ...	.... , ...		.... , ...
							Total	.... , ...

Mois _____ 20 _____

N°	Date	Réf.	Client	Désignation	Dépenses	Recettes	Moyen de paiement	Solde
1					.... , ...	.... , ...		.... , ...
2					.... , ...	.... , ...		.... , ...
3					.... , ...	.... , ...		.... , ...
4					.... , ...	.... , ...		.... , ...
5					.... , ...	.... , ...		.... , ...
6					.... , ...	.... , ...		.... , ...
7					.... , ...	.... , ...		.... , ...
8					.... , ...	.... , ...		.... , ...
9					.... , ...	.... , ...		.... , ...
10					.... , ...	.... , ...		.... , ...
11					.... , ...	.... , ...		.... , ...
12					.... , ...	.... , ...		.... , ...
13					.... , ...	.... , ...		.... , ...
14					.... , ...	.... , ...		.... , ...
15					.... , ...	.... , ...		.... , ...
16					.... , ...	.... , ...		.... , ...
17					.... , ...	.... , ...		.... , ...
18					.... , ...	.... , ...		.... , ...
19					.... , ...	.... , ...		.... , ...
20					.... , ...	.... , ...		.... , ...
21					.... , ...	.... , ...		.... , ...
22					.... , ...	.... , ...		.... , ...
23					.... , ...	.... , ...		.... , ...
24					.... , ...	.... , ...		.... , ...
25					.... , ...	.... , ...		.... , ...
26					.... , ...	.... , ...		.... , ...
27					.... , ...	.... , ...		.... , ...
28					.... , ...	.... , ...		.... , ...
29					.... , ...	.... , ...		.... , ...
30					.... , ...	.... , ...		.... , ...
							Total	.... , ...

Mois   20

N°	Date	Réf.	Client	Désignation	Dépenses	Recettes	Moyen de paiement	Solde
1					.... , ...	.... , ...		.... , ...
2					.... , ...	.... , ...		.... , ...
3					.... , ...	.... , ...		.... , ...
4					.... , ...	.... , ...		.... , ...
5					.... , ...	.... , ...		.... , ...
6					.... , ...	.... , ...		.... , ...
7					.... , ...	.... , ...		.... , ...
8					.... , ...	.... , ...		.... , ...
9					.... , ...	.... , ...		.... , ...
10					.... , ...	.... , ...		.... , ...
11					.... , ...	.... , ...		.... , ...
12					.... , ...	.... , ...		.... , ...
13					.... , ...	.... , ...		.... , ...
14					.... , ...	.... , ...		.... , ...
15					.... , ...	.... , ...		.... , ...
16					.... , ...	.... , ...		.... , ...
17					.... , ...	.... , ...		.... , ...
18					.... , ...	.... , ...		.... , ...
19					.... , ...	.... , ...		.... , ...
20					.... , ...	.... , ...		.... , ...
21					.... , ...	.... , ...		.... , ...
22					.... , ...	.... , ...		.... , ...
23					.... , ...	.... , ...		.... , ...
24					.... , ...	.... , ...		.... , ...
25					.... , ...	.... , ...		.... , ...
26					.... , ...	.... , ...		.... , ...
27					.... , ...	.... , ...		.... , ...
28					.... , ...	.... , ...		.... , ...
29					.... , ...	.... , ...		.... , ...
30					.... , ...	.... , ...		.... , ...
							Total	.... , ...

Mois   20

N°	Date	Réf.	Client	Désignation	Dépenses	Recettes	Moyen de paiement	Solde
1					.... , ...	.... , ...		.... , ...
2					.... , ...	.... , ...		.... , ...
3					.... , ...	.... , ...		.... , ...
4					.... , ...	.... , ...		.... , ...
5					.... , ...	.... , ...		.... , ...
6					.... , ...	.... , ...		.... , ...
7					.... , ...	.... , ...		.... , ...
8					.... , ...	.... , ...		.... , ...
9					.... , ...	.... , ...		.... , ...
10					.... , ...	.... , ...		.... , ...
11					.... , ...	.... , ...		.... , ...
12					.... , ...	.... , ...		.... , ...
13					.... , ...	.... , ...		.... , ...
14					.... , ...	.... , ...		.... , ...
15					.... , ...	.... , ...		.... , ...
16					.... , ...	.... , ...		.... , ...
17					.... , ...	.... , ...		.... , ...
18					.... , ...	.... , ...		.... , ...
19					.... , ...	.... , ...		.... , ...
20					.... , ...	.... , ...		.... , ...
21					.... , ...	.... , ...		.... , ...
22					.... , ...	.... , ...		.... , ...
23					.... , ...	.... , ...		.... , ...
24					.... , ...	.... , ...		.... , ...
25					.... , ...	.... , ...		.... , ...
26					.... , ...	.... , ...		.... , ...
27					.... , ...	.... , ...		.... , ...
28					.... , ...	.... , ...		.... , ...
29					.... , ...	.... , ...		.... , ...
30					.... , ...	.... , ...		.... , ...

Total .... , ...

Mois   20

N°	Date	Réf.	Client	Désignation	Dépenses	Recettes	Moyen de paiement	Solde
1					.... , ...	.... , ...		.... , ...
2					.... , ...	.... , ...		.... , ...
3					.... , ...	.... , ...		.... , ...
4					.... , ...	.... , ...		.... , ...
5					.... , ...	.... , ...		.... , ...
6					.... , ...	.... , ...		.... , ...
7					.... , ...	.... , ...		.... , ...
8					.... , ...	.... , ...		.... , ...
9					.... , ...	.... , ...		.... , ...
10					.... , ...	.... , ...		.... , ...
11					.... , ...	.... , ...		.... , ...
12					.... , ...	.... , ...		.... , ...
13					.... , ...	.... , ...		.... , ...
14					.... , ...	.... , ...		.... , ...
15					.... , ...	.... , ...		.... , ...
16					.... , ...	.... , ...		.... , ...
17					.... , ...	.... , ...		.... , ...
18					.... , ...	.... , ...		.... , ...
19					.... , ...	.... , ...		.... , ...
20					.... , ...	.... , ...		.... , ...
21					.... , ...	.... , ...		.... , ...
22					.... , ...	.... , ...		.... , ...
23					.... , ...	.... , ...		.... , ...
24					.... , ...	.... , ...		.... , ...
25					.... , ...	.... , ...		.... , ...
26					.... , ...	.... , ...		.... , ...
27					.... , ...	.... , ...		.... , ...
28					.... , ...	.... , ...		.... , ...
29					.... , ...	.... , ...		.... , ...
30					.... , ...	.... , ...		.... , ...
							Total	.... , ...

Mois   20

N°	Date	Réf.	Client	Désignation	Dépenses	Recettes	Moyen de paiement	Solde
1					.... , ...	.... , ...		.... , ...
2					.... , ...	.... , ...		.... , ...
3					.... , ...	.... , ...		.... , ...
4					.... , ...	.... , ...		.... , ...
5					.... , ...	.... , ...		.... , ...
6					.... , ...	.... , ...		.... , ...
7					.... , ...	.... , ...		.... , ...
8					.... , ...	.... , ...		.... , ...
9					.... , ...	.... , ...		.... , ...
10					.... , ...	.... , ...		.... , ...
11					.... , ...	.... , ...		.... , ...
12					.... , ...	.... , ...		.... , ...
13					.... , ...	.... , ...		.... , ...
14					.... , ...	.... , ...		.... , ...
15					.... , ...	.... , ...		.... , ...
16					.... , ...	.... , ...		.... , ...
17					.... , ...	.... , ...		.... , ...
18					.... , ...	.... , ...		.... , ...
19					.... , ...	.... , ...		.... , ...
20					.... , ...	.... , ...		.... , ...
21					.... , ...	.... , ...		.... , ...
22					.... , ...	.... , ...		.... , ...
23					.... , ...	.... , ...		.... , ...
24					.... , ...	.... , ...		.... , ...
25					.... , ...	.... , ...		.... , ...
26					.... , ...	.... , ...		.... , ...
27					.... , ...	.... , ...		.... , ...
28					.... , ...	.... , ...		.... , ...
29					.... , ...	.... , ...		.... , ...
30					.... , ...	.... , ...		.... , ...
							Total	.... , ...

Mois   20

N°	Date	Réf.	Client	Désignation	Dépenses	Recettes	Moyen de paiement	Solde
1					.... , ...	.... , ...		.... , ...
2					.... , ...	.... , ...		.... , ...
3					.... , ...	.... , ...		.... , ...
4					.... , ...	.... , ...		.... , ...
5					.... , ...	.... , ...		.... , ...
6					.... , ...	.... , ...		.... , ...
7					.... , ...	.... , ...		.... , ...
8					.... , ...	.... , ...		.... , ...
9					.... , ...	.... , ...		.... , ...
10					.... , ...	.... , ...		.... , ...
11					.... , ...	.... , ...		.... , ...
12					.... , ...	.... , ...		.... , ...
13					.... , ...	.... , ...		.... , ...
14					.... , ...	.... , ...		.... , ...
15					.... , ...	.... , ...		.... , ...
16					.... , ...	.... , ...		.... , ...
17					.... , ...	.... , ...		.... , ...
18					.... , ...	.... , ...		.... , ...
19					.... , ...	.... , ...		.... , ...
20					.... , ...	.... , ...		.... , ...
21					.... , ...	.... , ...		.... , ...
22					.... , ...	.... , ...		.... , ...
23					.... , ...	.... , ...		.... , ...
24					.... , ...	.... , ...		.... , ...
25					.... , ...	.... , ...		.... , ...
26					.... , ...	.... , ...		.... , ...
27					.... , ...	.... , ...		.... , ...
28					.... , ...	.... , ...		.... , ...
29					.... , ...	.... , ...		.... , ...
30					.... , ...	.... , ...		.... , ...
							Total	.... , ...

Mois _____ 20 _____

N°	Date	Réf.	Client	Désignation	Dépenses	Recettes	Moyen de paiement	Solde
1					.... , ...	.... , ...		.... , ...
2					.... , ...	.... , ...		.... , ...
3					.... , ...	.... , ...		.... , ...
4					.... , ...	.... , ...		.... , ...
5					.... , ...	.... , ...		.... , ...
6					.... , ...	.... , ...		.... , ...
7					.... , ...	.... , ...		.... , ...
8					.... , ...	.... , ...		.... , ...
9					.... , ...	.... , ...		.... , ...
10					.... , ...	.... , ...		.... , ...
11					.... , ...	.... , ...		.... , ...
12					.... , ...	.... , ...		.... , ...
13					.... , ...	.... , ...		.... , ...
14					.... , ...	.... , ...		.... , ...
15					.... , ...	.... , ...		.... , ...
16					.... , ...	.... , ...		.... , ...
17					.... , ...	.... , ...		.... , ...
18					.... , ...	.... , ...		.... , ...
19					.... , ...	.... , ...		.... , ...
20					.... , ...	.... , ...		.... , ...
21					.... , ...	.... , ...		.... , ...
22					.... , ...	.... , ...		.... , ...
23					.... , ...	.... , ...		.... , ...
24					.... , ...	.... , ...		.... , ...
25					.... , ...	.... , ...		.... , ...
26					.... , ...	.... , ...		.... , ...
27					.... , ...	.... , ...		.... , ...
28					.... , ...	.... , ...		.... , ...
29					.... , ...	.... , ...		.... , ...
30					.... , ...	.... , ...		.... , ...
							Total	.... , ...

Mois   20

N°	Date	Réf.	Client	Désignation	Dépenses	Recettes	Moyen de paiement	Solde
1					………,….	………,….		………,….
2					………,….	………,….		………,….
3					………,….	………,….		………,….
4					………,….	………,….		………,….
5					………,….	………,….		………,….
6					………,….	………,….		………,….
7					………,….	………,….		………,….
8					………,….	………,….		………,….
9					………,….	………,….		………,….
10					………,….	………,….		………,….
11					………,….	………,….		………,….
12					………,….	………,….		………,….
13					………,….	………,….		………,….
14					………,….	………,….		………,….
15					………,….	………,….		………,….
16					………,….	………,….		………,….
17					………,….	………,….		………,….
18					………,….	………,….		………,….
19					………,….	………,….		………,….
20					………,….	………,….		………,….
21					………,….	………,….		………,….
22					………,….	………,….		………,….
23					………,….	………,….		………,….
24					………,….	………,….		………,….
25					………,….	………,….		………,….
26					………,….	………,….		………,….
27					………,….	………,….		………,….
28					………,….	………,….		………,….
29					………,….	………,….		………,….
30					………,….	………,….		………,….
							Total	………,….

Mois   20

N°	Date	Réf.	Client	Désignation	Dépenses	Recettes	Moyen de paiement	Solde
1					.... , ...	.... , ...		.... , ...
2					.... , ...	.... , ...		.... , ...
3					.... , ...	.... , ...		.... , ...
4					.... , ...	.... , ...		.... , ...
5					.... , ...	.... , ...		.... , ...
6					.... , ...	.... , ...		.... , ...
7					.... , ...	.... , ...		.... , ...
8					.... , ...	.... , ...		.... , ...
9					.... , ...	.... , ...		.... , ...
10					.... , ...	.... , ...		.... , ...
11					.... , ...	.... , ...		.... , ...
12					.... , ...	.... , ...		.... , ...
13					.... , ...	.... , ...		.... , ...
14					.... , ...	.... , ...		.... , ...
15					.... , ...	.... , ...		.... , ...
16					.... , ...	.... , ...		.... , ...
17					.... , ...	.... , ...		.... , ...
18					.... , ...	.... , ...		.... , ...
19					.... , ...	.... , ...		.... , ...
20					.... , ...	.... , ...		.... , ...
21					.... , ...	.... , ...		.... , ...
22					.... , ...	.... , ...		.... , ...
23					.... , ...	.... , ...		.... , ...
24					.... , ...	.... , ...		.... , ...
25					.... , ...	.... , ...		.... , ...
26					.... , ...	.... , ...		.... , ...
27					.... , ...	.... , ...		.... , ...
28					.... , ...	.... , ...		.... , ...
29					.... , ...	.... , ...		.... , ...
30					.... , ...	.... , ...		.... , ...

	Total
	.... , ...

Mois   20

N°	Date	Réf.	Client	Désignation	Dépenses	Recettes	Moyen de paiement	Solde
1					.... , ...	.... , ...		.... , ...
2					.... , ...	.... , ...		.... , ...
3					.... , ...	.... , ...		.... , ...
4					.... , ...	.... , ...		.... , ...
5					.... , ...	.... , ...		.... , ...
6					.... , ...	.... , ...		.... , ...
7					.... , ...	.... , ...		.... , ...
8					.... , ...	.... , ...		.... , ...
9					.... , ...	.... , ...		.... , ...
10					.... , ...	.... , ...		.... , ...
11					.... , ...	.... , ...		.... , ...
12					.... , ...	.... , ...		.... , ...
13					.... , ...	.... , ...		.... , ...
14					.... , ...	.... , ...		.... , ...
15					.... , ...	.... , ...		.... , ...
16					.... , ...	.... , ...		.... , ...
17					.... , ...	.... , ...		.... , ...
18					.... , ...	.... , ...		.... , ...
19					.... , ...	.... , ...		.... , ...
20					.... , ...	.... , ...		.... , ...
21					.... , ...	.... , ...		.... , ...
22					.... , ...	.... , ...		.... , ...
23					.... , ...	.... , ...		.... , ...
24					.... , ...	.... , ...		.... , ...
25					.... , ...	.... , ...		.... , ...
26					.... , ...	.... , ...		.... , ...
27					.... , ...	.... , ...		.... , ...
28					.... , ...	.... , ...		.... , ...
29					.... , ...	.... , ...		.... , ...
30					.... , ...	.... , ...		.... , ...
							Total	.... , ...

Mois   20

N°	Date	Réf.	Client	Désignation	Dépenses	Recettes	Moyen de paiement	Solde
1					.... , ...	.... , ...		.... , ...
2					.... , ...	.... , ...		.... , ...
3					.... , ...	.... , ...		.... , ...
4					.... , ...	.... , ...		.... , ...
5					.... , ...	.... , ...		.... , ...
6					.... , ...	.... , ...		.... , ...
7					.... , ...	.... , ...		.... , ...
8					.... , ...	.... , ...		.... , ...
9					.... , ...	.... , ...		.... , ...
10					.... , ...	.... , ...		.... , ...
11					.... , ...	.... , ...		.... , ...
12					.... , ...	.... , ...		.... , ...
13					.... , ...	.... , ...		.... , ...
14					.... , ...	.... , ...		.... , ...
15					.... , ...	.... , ...		.... , ...
16					.... , ...	.... , ...		.... , ...
17					.... , ...	.... , ...		.... , ...
18					.... , ...	.... , ...		.... , ...
19					.... , ...	.... , ...		.... , ...
20					.... , ...	.... , ...		.... , ...
21					.... , ...	.... , ...		.... , ...
22					.... , ...	.... , ...		.... , ...
23					.... , ...	.... , ...		.... , ...
24					.... , ...	.... , ...		.... , ...
25					.... , ...	.... , ...		.... , ...
26					.... , ...	.... , ...		.... , ...
27					.... , ...	.... , ...		.... , ...
28					.... , ...	.... , ...		.... , ...
29					.... , ...	.... , ...		.... , ...
30					.... , ...	.... , ...		.... , ...
							Total	.... , ...

Mois _____ 20 _____

N°	Date	Réf.	Client	Désignation	Dépenses	Recettes	Moyen de paiement	Solde
1					.... , ...	.... , ...		.... , ...
2					.... , ...	.... , ...		.... , ...
3					.... , ...	.... , ...		.... , ...
4					.... , ...	.... , ...		.... , ...
5					.... , ...	.... , ...		.... , ...
6					.... , ...	.... , ...		.... , ...
7					.... , ...	.... , ...		.... , ...
8					.... , ...	.... , ...		.... , ...
9					.... , ...	.... , ...		.... , ...
10					.... , ...	.... , ...		.... , ...
11					.... , ...	.... , ...		.... , ...
12					.... , ...	.... , ...		.... , ...
13					.... , ...	.... , ...		.... , ...
14					.... , ...	.... , ...		.... , ...
15					.... , ...	.... , ...		.... , ...
16					.... , ...	.... , ...		.... , ...
17					.... , ...	.... , ...		.... , ...
18					.... , ...	.... , ...		.... , ...
19					.... , ...	.... , ...		.... , ...
20					.... , ...	.... , ...		.... , ...
21					.... , ...	.... , ...		.... , ...
22					.... , ...	.... , ...		.... , ...
23					.... , ...	.... , ...		.... , ...
24					.... , ...	.... , ...		.... , ...
25					.... , ...	.... , ...		.... , ...
26					.... , ...	.... , ...		.... , ...
27					.... , ...	.... , ...		.... , ...
28					.... , ...	.... , ...		.... , ...
29					.... , ...	.... , ...		.... , ...
30					.... , ...	.... , ...		.... , ...
							Total	.... , ...

Mois _____ 20___

N°	Date	Réf.	Client	Désignation	Dépenses	Recettes	Moyen de paiement	Solde
1					.... , ...	.... , ...		.... , ...
2					.... , ...	.... , ...		.... , ...
3					.... , ...	.... , ...		.... , ...
4					.... , ...	.... , ...		.... , ...
5					.... , ...	.... , ...		.... , ...
6					.... , ...	.... , ...		.... , ...
7					.... , ...	.... , ...		.... , ...
8					.... , ...	.... , ...		.... , ...
9					.... , ...	.... , ...		.... , ...
10					.... , ...	.... , ...		.... , ...
11					.... , ...	.... , ...		.... , ...
12					.... , ...	.... , ...		.... , ...
13					.... , ...	.... , ...		.... , ...
14					.... , ...	.... , ...		.... , ...
15					.... , ...	.... , ...		.... , ...
16					.... , ...	.... , ...		.... , ...
17					.... , ...	.... , ...		.... , ...
18					.... , ...	.... , ...		.... , ...
19					.... , ...	.... , ...		.... , ...
20					.... , ...	.... , ...		.... , ...
21					.... , ...	.... , ...		.... , ...
22					.... , ...	.... , ...		.... , ...
23					.... , ...	.... , ...		.... , ...
24					.... , ...	.... , ...		.... , ...
25					.... , ...	.... , ...		.... , ...
26					.... , ...	.... , ...		.... , ...
27					.... , ...	.... , ...		.... , ...
28					.... , ...	.... , ...		.... , ...
29					.... , ...	.... , ...		.... , ...
30					.... , ...	.... , ...		.... , ...
							Total	.... , ...

Mois _____ 20 ____

N°	Date	Réf.	Client	Désignation	Dépenses	Recettes	Moyen de paiement	Solde
1					.... , ...	.... , ...		.... , ...
2					.... , ...	.... , ...		.... , ...
3					.... , ...	.... , ...		.... , ...
4					.... , ...	.... , ...		.... , ...
5					.... , ...	.... , ...		.... , ...
6					.... , ...	.... , ...		.... , ...
7					.... , ...	.... , ...		.... , ...
8					.... , ...	.... , ...		.... , ...
9					.... , ...	.... , ...		.... , ...
10					.... , ...	.... , ...		.... , ...
11					.... , ...	.... , ...		.... , ...
12					.... , ...	.... , ...		.... , ...
13					.... , ...	.... , ...		.... , ...
14					.... , ...	.... , ...		.... , ...
15					.... , ...	.... , ...		.... , ...
16					.... , ...	.... , ...		.... , ...
17					.... , ...	.... , ...		.... , ...
18					.... , ...	.... , ...		.... , ...
19					.... , ...	.... , ...		.... , ...
20					.... , ...	.... , ...		.... , ...
21					.... , ...	.... , ...		.... , ...
22					.... , ...	.... , ...		.... , ...
23					.... , ...	.... , ...		.... , ...
24					.... , ...	.... , ...		.... , ...
25					.... , ...	.... , ...		.... , ...
26					.... , ...	.... , ...		.... , ...
27					.... , ...	.... , ...		.... , ...
28					.... , ...	.... , ...		.... , ...
29					.... , ...	.... , ...		.... , ...
30					.... , ...	.... , ...		.... , ...
							Total	.... , ...

Mois _____   **20** _____

N°	Date	Réf.	Client	Désignation	Dépenses	Recettes	Moyen de paiement	Solde
1					.... , ...	.... , ...		.... , ...
2					.... , ...	.... , ...		.... , ...
3					.... , ...	.... , ...		.... , ...
4					.... , ...	.... , ...		.... , ...
5					.... , ...	.... , ...		.... , ...
6					.... , ...	.... , ...		.... , ...
7					.... , ...	.... , ...		.... , ...
8					.... , ...	.... , ...		.... , ...
9					.... , ...	.... , ...		.... , ...
10					.... , ...	.... , ...		.... , ...
11					.... , ...	.... , ...		.... , ...
12					.... , ...	.... , ...		.... , ...
13					.... , ...	.... , ...		.... , ...
14					.... , ...	.... , ...		.... , ...
15					.... , ...	.... , ...		.... , ...
16					.... , ...	.... , ...		.... , ...
17					.... , ...	.... , ...		.... , ...
18					.... , ...	.... , ...		.... , ...
19					.... , ...	.... , ...		.... , ...
20					.... , ...	.... , ...		.... , ...
21					.... , ...	.... , ...		.... , ...
22					.... , ...	.... , ...		.... , ...
23					.... , ...	.... , ...		.... , ...
24					.... , ...	.... , ...		.... , ...
25					.... , ...	.... , ...		.... , ...
26					.... , ...	.... , ...		.... , ...
27					.... , ...	.... , ...		.... , ...
28					.... , ...	.... , ...		.... , ...
29					.... , ...	.... , ...		.... , ...
30					.... , ...	.... , ...		.... , ...
							Total	.... , ...

Mois   20

N°	Date	Réf.	Client	Désignation	Dépenses	Recettes	Moyen de paiement	Solde
1					.... , ...	.... , ...		.... , ...
2					.... , ...	.... , ...		.... , ...
3					.... , ...	.... , ...		.... , ...
4					.... , ...	.... , ...		.... , ...
5					.... , ...	.... , ...		.... , ...
6					.... , ...	.... , ...		.... , ...
7					.... , ...	.... , ...		.... , ...
8					.... , ...	.... , ...		.... , ...
9					.... , ...	.... , ...		.... , ...
10					.... , ...	.... , ...		.... , ...
11					.... , ...	.... , ...		.... , ...
12					.... , ...	.... , ...		.... , ...
13					.... , ...	.... , ...		.... , ...
14					.... , ...	.... , ...		.... , ...
15					.... , ...	.... , ...		.... , ...
16					.... , ...	.... , ...		.... , ...
17					.... , ...	.... , ...		.... , ...
18					.... , ...	.... , ...		.... , ...
19					.... , ...	.... , ...		.... , ...
20					.... , ...	.... , ...		.... , ...
21					.... , ...	.... , ...		.... , ...
22					.... , ...	.... , ...		.... , ...
23					.... , ...	.... , ...		.... , ...
24					.... , ...	.... , ...		.... , ...
25					.... , ...	.... , ...		.... , ...
26					.... , ...	.... , ...		.... , ...
27					.... , ...	.... , ...		.... , ...
28					.... , ...	.... , ...		.... , ...
29					.... , ...	.... , ...		.... , ...
30					.... , ...	.... , ...		.... , ...
							Total	.... , ...

Mois _____ 20 _____

N°	Date	Réf.	Client	Désignation	Dépenses	Recettes	Moyen de paiement	Solde
1					.... , ...	.... , ...		.... , ...
2					.... , ...	.... , ...		.... , ...
3					.... , ...	.... , ...		.... , ...
4					.... , ...	.... , ...		.... , ...
5					.... , ...	.... , ...		.... , ...
6					.... , ...	.... , ...		.... , ...
7					.... , ...	.... , ...		.... , ...
8					.... , ...	.... , ...		.... , ...
9					.... , ...	.... , ...		.... , ...
10					.... , ...	.... , ...		.... , ...
11					.... , ...	.... , ...		.... , ...
12					.... , ...	.... , ...		.... , ...
13					.... , ...	.... , ...		.... , ...
14					.... , ...	.... , ...		.... , ...
15					.... , ...	.... , ...		.... , ...
16					.... , ...	.... , ...		.... , ...
17					.... , ...	.... , ...		.... , ...
18					.... , ...	.... , ...		.... , ...
19					.... , ...	.... , ...		.... , ...
20					.... , ...	.... , ...		.... , ...
21					.... , ...	.... , ...		.... , ...
22					.... , ...	.... , ...		.... , ...
23					.... , ...	.... , ...		.... , ...
24					.... , ...	.... , ...		.... , ...
25					.... , ...	.... , ...		.... , ...
26					.... , ...	.... , ...		.... , ...
27					.... , ...	.... , ...		.... , ...
28					.... , ...	.... , ...		.... , ...
29					.... , ...	.... , ...		.... , ...
30					.... , ...	.... , ...		.... , ...
							Total	.... , ...

Mois _____ 20 ___

N°	Date	Réf.	Client	Désignation	Dépenses	Recettes	Moyen de paiement	Solde
1					.... , ...	.... , ...		.... , ...
2					.... , ...	.... , ...		.... , ...
3					.... , ...	.... , ...		.... , ...
4					.... , ...	.... , ...		.... , ...
5					.... , ...	.... , ...		.... , ...
6					.... , ...	.... , ...		.... , ...
7					.... , ...	.... , ...		.... , ...
8					.... , ...	.... , ...		.... , ...
9					.... , ...	.... , ...		.... , ...
10					.... , ...	.... , ...		.... , ...
11					.... , ...	.... , ...		.... , ...
12					.... , ...	.... , ...		.... , ...
13					.... , ...	.... , ...		.... , ...
14					.... , ...	.... , ...		.... , ...
15					.... , ...	.... , ...		.... , ...
16					.... , ...	.... , ...		.... , ...
17					.... , ...	.... , ...		.... , ...
18					.... , ...	.... , ...		.... , ...
19					.... , ...	.... , ...		.... , ...
20					.... , ...	.... , ...		.... , ...
21					.... , ...	.... , ...		.... , ...
22					.... , ...	.... , ...		.... , ...
23					.... , ...	.... , ...		.... , ...
24					.... , ...	.... , ...		.... , ...
25					.... , ...	.... , ...		.... , ...
26					.... , ...	.... , ...		.... , ...
27					.... , ...	.... , ...		.... , ...
28					.... , ...	.... , ...		.... , ...
29					.... , ...	.... , ...		.... , ...
30					.... , ...	.... , ...		.... , ...
							Total	.... , ...

Mois _____ 20____

N°	Date	Réf.	Client	Désignation	Dépenses	Recettes	Moyen de paiement	Solde
1					.... , ...	.... , ...		.... , ...
2					.... , ...	.... , ...		.... , ...
3					.... , ...	.... , ...		.... , ...
4					.... , ...	.... , ...		.... , ...
5					.... , ...	.... , ...		.... , ...
6					.... , ...	.... , ...		.... , ...
7					.... , ...	.... , ...		.... , ...
8					.... , ...	.... , ...		.... , ...
9					.... , ...	.... , ...		.... , ...
10					.... , ...	.... , ...		.... , ...
11					.... , ...	.... , ...		.... , ...
12					.... , ...	.... , ...		.... , ...
13					.... , ...	.... , ...		.... , ...
14					.... , ...	.... , ...		.... , ...
15					.... , ...	.... , ...		.... , ...
16					.... , ...	.... , ...		.... , ...
17					.... , ...	.... , ...		.... , ...
18					.... , ...	.... , ...		.... , ...
19					.... , ...	.... , ...		.... , ...
20					.... , ...	.... , ...		.... , ...
21					.... , ...	.... , ...		.... , ...
22					.... , ...	.... , ...		.... , ...
23					.... , ...	.... , ...		.... , ...
24					.... , ...	.... , ...		.... , ...
25					.... , ...	.... , ...		.... , ...
26					.... , ...	.... , ...		.... , ...
27					.... , ...	.... , ...		.... , ...
28					.... , ...	.... , ...		.... , ...
29					.... , ...	.... , ...		.... , ...
30					.... , ...	.... , ...		.... , ...
							Total	.... , ...

Mois   20

N°	Date	Réf.	Client	Désignation	Dépenses	Recettes	Moyen de paiement	Solde
1					.... , ...	.... , ...		.... , ...
2					.... , ...	.... , ...		.... , ...
3					.... , ...	.... , ...		.... , ...
4					.... , ...	.... , ...		.... , ...
5					.... , ...	.... , ...		.... , ...
6					.... , ...	.... , ...		.... , ...
7					.... , ...	.... , ...		.... , ...
8					.... , ...	.... , ...		.... , ...
9					.... , ...	.... , ...		.... , ...
10					.... , ...	.... , ...		.... , ...
11					.... , ...	.... , ...		.... , ...
12					.... , ...	.... , ...		.... , ...
13					.... , ...	.... , ...		.... , ...
14					.... , ...	.... , ...		.... , ...
15					.... , ...	.... , ...		.... , ...
16					.... , ...	.... , ...		.... , ...
17					.... , ...	.... , ...		.... , ...
18					.... , ...	.... , ...		.... , ...
19					.... , ...	.... , ...		.... , ...
20					.... , ...	.... , ...		.... , ...
21					.... , ...	.... , ...		.... , ...
22					.... , ...	.... , ...		.... , ...
23					.... , ...	.... , ...		.... , ...
24					.... , ...	.... , ...		.... , ...
25					.... , ...	.... , ...		.... , ...
26					.... , ...	.... , ...		.... , ...
27					.... , ...	.... , ...		.... , ...
28					.... , ...	.... , ...		.... , ...
29					.... , ...	.... , ...		.... , ...
30					.... , ...	.... , ...		.... , ...
							Total	.... , ...

Mois _____ 20_____

N°	Date	Réf.	Client	Désignation	Dépenses	Recettes	Moyen de paiement	Solde
1					.... , ...	.... , ...		.... , ...
2					.... , ...	.... , ...		.... , ...
3					.... , ...	.... , ...		.... , ...
4					.... , ...	.... , ...		.... , ...
5					.... , ...	.... , ...		.... , ...
6					.... , ...	.... , ...		.... , ...
7					.... , ...	.... , ...		.... , ...
8					.... , ...	.... , ...		.... , ...
9					.... , ...	.... , ...		.... , ...
10					.... , ...	.... , ...		.... , ...
11					.... , ...	.... , ...		.... , ...
12					.... , ...	.... , ...		.... , ...
13					.... , ...	.... , ...		.... , ...
14					.... , ...	.... , ...		.... , ...
15					.... , ...	.... , ...		.... , ...
16					.... , ...	.... , ...		.... , ...
17					.... , ...	.... , ...		.... , ...
18					.... , ...	.... , ...		.... , ...
19					.... , ...	.... , ...		.... , ...
20					.... , ...	.... , ...		.... , ...
21					.... , ...	.... , ...		.... , ...
22					.... , ...	.... , ...		.... , ...
23					.... , ...	.... , ...		.... , ...
24					.... , ...	.... , ...		.... , ...
25					.... , ...	.... , ...		.... , ...
26					.... , ...	.... , ...		.... , ...
27					.... , ...	.... , ...		.... , ...
28					.... , ...	.... , ...		.... , ...
29					.... , ...	.... , ...		.... , ...
30					.... , ...	.... , ...		.... , ...

	Total
	.... , ...

Mois   20

N°	Date	Réf.	Client	Désignation	Dépenses	Recettes	Moyen de paiement	Solde
1					.... , ...	.... , ...		.... , ...
2					.... , ...	.... , ...		.... , ...
3					.... , ...	.... , ...		.... , ...
4					.... , ...	.... , ...		.... , ...
5					.... , ...	.... , ...		.... , ...
6					.... , ...	.... , ...		.... , ...
7					.... , ...	.... , ...		.... , ...
8					.... , ...	.... , ...		.... , ...
9					.... , ...	.... , ...		.... , ...
10					.... , ...	.... , ...		.... , ...
11					.... , ...	.... , ...		.... , ...
12					.... , ...	.... , ...		.... , ...
13					.... , ...	.... , ...		.... , ...
14					.... , ...	.... , ...		.... , ...
15					.... , ...	.... , ...		.... , ...
16					.... , ...	.... , ...		.... , ...
17					.... , ...	.... , ...		.... , ...
18					.... , ...	.... , ...		.... , ...
19					.... , ...	.... , ...		.... , ...
20					.... , ...	.... , ...		.... , ...
21					.... , ...	.... , ...		.... , ...
22					.... , ...	.... , ...		.... , ...
23					.... , ...	.... , ...		.... , ...
24					.... , ...	.... , ...		.... , ...
25					.... , ...	.... , ...		.... , ...
26					.... , ...	.... , ...		.... , ...
27					.... , ...	.... , ...		.... , ...
28					.... , ...	.... , ...		.... , ...
29					.... , ...	.... , ...		.... , ...
30					.... , ...	.... , ...		.... , ...

Total .... , ...

Mois _____ 20 _____

N°	Date	Réf.	Client	Désignation	Dépenses	Recettes	Moyen de paiement	Solde
1					.... , ...	.... , ...		.... , ...
2					.... , ...	.... , ...		.... , ...
3					.... , ...	.... , ...		.... , ...
4					.... , ...	.... , ...		.... , ...
5					.... , ...	.... , ...		.... , ...
6					.... , ...	.... , ...		.... , ...
7					.... , ...	.... , ...		.... , ...
8					.... , ...	.... , ...		.... , ...
9					.... , ...	.... , ...		.... , ...
10					.... , ...	.... , ...		.... , ...
11					.... , ...	.... , ...		.... , ...
12					.... , ...	.... , ...		.... , ...
13					.... , ...	.... , ...		.... , ...
14					.... , ...	.... , ...		.... , ...
15					.... , ...	.... , ...		.... , ...
16					.... , ...	.... , ...		.... , ...
17					.... , ...	.... , ...		.... , ...
18					.... , ...	.... , ...		.... , ...
19					.... , ...	.... , ...		.... , ...
20					.... , ...	.... , ...		.... , ...
21					.... , ...	.... , ...		.... , ...
22					.... , ...	.... , ...		.... , ...
23					.... , ...	.... , ...		.... , ...
24					.... , ...	.... , ...		.... , ...
25					.... , ...	.... , ...		.... , ...
26					.... , ...	.... , ...		.... , ...
27					.... , ...	.... , ...		.... , ...
28					.... , ...	.... , ...		.... , ...
29					.... , ...	.... , ...		.... , ...
30					.... , ...	.... , ...		.... , ...
							Total	.... , ...

Mois _____ 20___

N°	Date	Réf.	Client	Désignation	Dépenses	Recettes	Moyen de paiement	Solde
1					.... , ...	.... , ...		.... , ...
2					.... , ...	.... , ...		.... , ...
3					.... , ...	.... , ...		.... , ...
4					.... , ...	.... , ...		.... , ...
5					.... , ...	.... , ...		.... , ...
6					.... , ...	.... , ...		.... , ...
7					.... , ...	.... , ...		.... , ...
8					.... , ...	.... , ...		.... , ...
9					.... , ...	.... , ...		.... , ...
10					.... , ...	.... , ...		.... , ...
11					.... , ...	.... , ...		.... , ...
12					.... , ...	.... , ...		.... , ...
13					.... , ...	.... , ...		.... , ...
14					.... , ...	.... , ...		.... , ...
15					.... , ...	.... , ...		.... , ...
16					.... , ...	.... , ...		.... , ...
17					.... , ...	.... , ...		.... , ...
18					.... , ...	.... , ...		.... , ...
19					.... , ...	.... , ...		.... , ...
20					.... , ...	.... , ...		.... , ...
21					.... , ...	.... , ...		.... , ...
22					.... , ...	.... , ...		.... , ...
23					.... , ...	.... , ...		.... , ...
24					.... , ...	.... , ...		.... , ...
25					.... , ...	.... , ...		.... , ...
26					.... , ...	.... , ...		.... , ...
27					.... , ...	.... , ...		.... , ...
28					.... , ...	.... , ...		.... , ...
29					.... , ...	.... , ...		.... , ...
30					.... , ...	.... , ...		.... , ...
							Total	.... , ...

Mois _____ 20 ___

N°	Date	Réf.	Client	Désignation	Dépenses	Recettes	Moyen de paiement	Solde
1					.... , ...	.... , ...		.... , ...
2					.... , ...	.... , ...		.... , ...
3					.... , ...	.... , ...		.... , ...
4					.... , ...	.... , ...		.... , ...
5					.... , ...	.... , ...		.... , ...
6					.... , ...	.... , ...		.... , ...
7					.... , ...	.... , ...		.... , ...
8					.... , ...	.... , ...		.... , ...
9					.... , ...	.... , ...		.... , ...
10					.... , ...	.... , ...		.... , ...
11					.... , ...	.... , ...		.... , ...
12					.... , ...	.... , ...		.... , ...
13					.... , ...	.... , ...		.... , ...
14					.... , ...	.... , ...		.... , ...
15					.... , ...	.... , ...		.... , ...
16					.... , ...	.... , ...		.... , ...
17					.... , ...	.... , ...		.... , ...
18					.... , ...	.... , ...		.... , ...
19					.... , ...	.... , ...		.... , ...
20					.... , ...	.... , ...		.... , ...
21					.... , ...	.... , ...		.... , ...
22					.... , ...	.... , ...		.... , ...
23					.... , ...	.... , ...		.... , ...
24					.... , ...	.... , ...		.... , ...
25					.... , ...	.... , ...		.... , ...
26					.... , ...	.... , ...		.... , ...
27					.... , ...	.... , ...		.... , ...
28					.... , ...	.... , ...		.... , ...
29					.... , ...	.... , ...		.... , ...
30					.... , ...	.... , ...		.... , ...
							Total	.... , ...

Mois   20

N°	Date	Réf.	Client	Désignation	Dépenses	Recettes	Moyen de paiement	Solde
1					.... , ...	.... , ...		.... , ...
2					.... , ...	.... , ...		.... , ...
3					.... , ...	.... , ...		.... , ...
4					.... , ...	.... , ...		.... , ...
5					.... , ...	.... , ...		.... , ...
6					.... , ...	.... , ...		.... , ...
7					.... , ...	.... , ...		.... , ...
8					.... , ...	.... , ...		.... , ...
9					.... , ...	.... , ...		.... , ...
10					.... , ...	.... , ...		.... , ...
11					.... , ...	.... , ...		.... , ...
12					.... , ...	.... , ...		.... , ...
13					.... , ...	.... , ...		.... , ...
14					.... , ...	.... , ...		.... , ...
15					.... , ...	.... , ...		.... , ...
16					.... , ...	.... , ...		.... , ...
17					.... , ...	.... , ...		.... , ...
18					.... , ...	.... , ...		.... , ...
19					.... , ...	.... , ...		.... , ...
20					.... , ...	.... , ...		.... , ...
21					.... , ...	.... , ...		.... , ...
22					.... , ...	.... , ...		.... , ...
23					.... , ...	.... , ...		.... , ...
24					.... , ...	.... , ...		.... , ...
25					.... , ...	.... , ...		.... , ...
26					.... , ...	.... , ...		.... , ...
27					.... , ...	.... , ...		.... , ...
28					.... , ...	.... , ...		.... , ...
29					.... , ...	.... , ...		.... , ...
30					.... , ...	.... , ...		.... , ...
							Total	.... , ...

Mois _____ 20 ____

N°	Date	Réf.	Client	Désignation	Dépenses	Recettes	Moyen de paiement	Solde
1					.... , ...	.... , ...		.... , ...
2					.... , ...	.... , ...		.... , ...
3					.... , ...	.... , ...		.... , ...
4					.... , ...	.... , ...		.... , ...
5					.... , ...	.... , ...		.... , ...
6					.... , ...	.... , ...		.... , ...
7					.... , ...	.... , ...		.... , ...
8					.... , ...	.... , ...		.... , ...
9					.... , ...	.... , ...		.... , ...
10					.... , ...	.... , ...		.... , ...
11					.... , ...	.... , ...		.... , ...
12					.... , ...	.... , ...		.... , ...
13					.... , ...	.... , ...		.... , ...
14					.... , ...	.... , ...		.... , ...
15					.... , ...	.... , ...		.... , ...
16					.... , ...	.... , ...		.... , ...
17					.... , ...	.... , ...		.... , ...
18					.... , ...	.... , ...		.... , ...
19					.... , ...	.... , ...		.... , ...
20					.... , ...	.... , ...		.... , ...
21					.... , ...	.... , ...		.... , ...
22					.... , ...	.... , ...		.... , ...
23					.... , ...	.... , ...		.... , ...
24					.... , ...	.... , ...		.... , ...
25					.... , ...	.... , ...		.... , ...
26					.... , ...	.... , ...		.... , ...
27					.... , ...	.... , ...		.... , ...
28					.... , ...	.... , ...		.... , ...
29					.... , ...	.... , ...		.... , ...
30					.... , ...	.... , ...		.... , ...
							Total	.... , ...

Mois _____   20_____

N°	Date	Réf.	Client	Désignation	Dépenses	Recettes	Moyen de paiement	Solde
1					.... , ...	.... , ...		.... , ...
2					.... , ...	.... , ...		.... , ...
3					.... , ...	.... , ...		.... , ...
4					.... , ...	.... , ...		.... , ...
5					.... , ...	.... , ...		.... , ...
6					.... , ...	.... , ...		.... , ...
7					.... , ...	.... , ...		.... , ...
8					.... , ...	.... , ...		.... , ...
9					.... , ...	.... , ...		.... , ...
10					.... , ...	.... , ...		.... , ...
11					.... , ...	.... , ...		.... , ...
12					.... , ...	.... , ...		.... , ...
13					.... , ...	.... , ...		.... , ...
14					.... , ...	.... , ...		.... , ...
15					.... , ...	.... , ...		.... , ...
16					.... , ...	.... , ...		.... , ...
17					.... , ...	.... , ...		.... , ...
18					.... , ...	.... , ...		.... , ...
19					.... , ...	.... , ...		.... , ...
20					.... , ...	.... , ...		.... , ...
21					.... , ...	.... , ...		.... , ...
22					.... , ...	.... , ...		.... , ...
23					.... , ...	.... , ...		.... , ...
24					.... , ...	.... , ...		.... , ...
25					.... , ...	.... , ...		.... , ...
26					.... , ...	.... , ...		.... , ...
27					.... , ...	.... , ...		.... , ...
28					.... , ...	.... , ...		.... , ...
29					.... , ...	.... , ...		.... , ...
30					.... , ...	.... , ...		.... , ...
							Total	.... , ...

Mois _____   20 _____

N°	Date	Réf.	Client	Désignation	Dépenses	Recettes	Moyen de paiement	Solde
1					.... , ...	.... , ...		.... , ...
2					.... , ...	.... , ...		.... , ...
3					.... , ...	.... , ...		.... , ...
4					.... , ...	.... , ...		.... , ...
5					.... , ...	.... , ...		.... , ...
6					.... , ...	.... , ...		.... , ...
7					.... , ...	.... , ...		.... , ...
8					.... , ...	.... , ...		.... , ...
9					.... , ...	.... , ...		.... , ...
10					.... , ...	.... , ...		.... , ...
11					.... , ...	.... , ...		.... , ...
12					.... , ...	.... , ...		.... , ...
13					.... , ...	.... , ...		.... , ...
14					.... , ...	.... , ...		.... , ...
15					.... , ...	.... , ...		.... , ...
16					.... , ...	.... , ...		.... , ...
17					.... , ...	.... , ...		.... , ...
18					.... , ...	.... , ...		.... , ...
19					.... , ...	.... , ...		.... , ...
20					.... , ...	.... , ...		.... , ...
21					.... , ...	.... , ...		.... , ...
22					.... , ...	.... , ...		.... , ...
23					.... , ...	.... , ...		.... , ...
24					.... , ...	.... , ...		.... , ...
25					.... , ...	.... , ...		.... , ...
26					.... , ...	.... , ...		.... , ...
27					.... , ...	.... , ...		.... , ...
28					.... , ...	.... , ...		.... , ...
29					.... , ...	.... , ...		.... , ...
30					.... , ...	.... , ...		.... , ...
							Total	.... , ...

Mois   20

N°	Date	Réf.	Client	Désignation	Dépenses	Recettes	Moyen de paiement	Solde
1					........,....	........,....		........,....
2					........,....	........,....		........,....
3					........,....	........,....		........,....
4					........,....	........,....		........,....
5					........,....	........,....		........,....
6					........,....	........,....		........,....
7					........,....	........,....		........,....
8					........,....	........,....		........,....
9					........,....	........,....		........,....
10					........,....	........,....		........,....
11					........,....	........,....		........,....
12					........,....	........,....		........,....
13					........,....	........,....		........,....
14					........,....	........,....		........,....
15					........,....	........,....		........,....
16					........,....	........,....		........,....
17					........,....	........,....		........,....
18					........,....	........,....		........,....
19					........,....	........,....		........,....
20					........,....	........,....		........,....
21					........,....	........,....		........,....
22					........,....	........,....		........,....
23					........,....	........,....		........,....
24					........,....	........,....		........,....
25					........,....	........,....		........,....
26					........,....	........,....		........,....
27					........,....	........,....		........,....
28					........,....	........,....		........,....
29					........,....	........,....		........,....
30					........,....	........,....		........,....
							Total	........,....

Mois _____   20 _____

N°	Date	Réf.	Client	Désignation	Dépenses	Recettes	Moyen de paiement	Solde
1					.... , ...	.... , ...		.... , ...
2					.... , ...	.... , ...		.... , ...
3					.... , ...	.... , ...		.... , ...
4					.... , ...	.... , ...		.... , ...
5					.... , ...	.... , ...		.... , ...
6					.... , ...	.... , ...		.... , ...
7					.... , ...	.... , ...		.... , ...
8					.... , ...	.... , ...		.... , ...
9					.... , ...	.... , ...		.... , ...
10					.... , ...	.... , ...		.... , ...
11					.... , ...	.... , ...		.... , ...
12					.... , ...	.... , ...		.... , ...
13					.... , ...	.... , ...		.... , ...
14					.... , ...	.... , ...		.... , ...
15					.... , ...	.... , ...		.... , ...
16					.... , ...	.... , ...		.... , ...
17					.... , ...	.... , ...		.... , ...
18					.... , ...	.... , ...		.... , ...
19					.... , ...	.... , ...		.... , ...
20					.... , ...	.... , ...		.... , ...
21					.... , ...	.... , ...		.... , ...
22					.... , ...	.... , ...		.... , ...
23					.... , ...	.... , ...		.... , ...
24					.... , ...	.... , ...		.... , ...
25					.... , ...	.... , ...		.... , ...
26					.... , ...	.... , ...		.... , ...
27					.... , ...	.... , ...		.... , ...
28					.... , ...	.... , ...		.... , ...
29					.... , ...	.... , ...		.... , ...
30					.... , ...	.... , ...		.... , ...
							Total	.... , ...

Mois _____ 20 _____

N°	Date	Réf.	Client	Désignation	Dépenses	Recettes	Moyen de paiement	Solde
1					.... , ...	.... , ...		.... , ...
2					.... , ...	.... , ...		.... , ...
3					.... , ...	.... , ...		.... , ...
4					.... , ...	.... , ...		.... , ...
5					.... , ...	.... , ...		.... , ...
6					.... , ...	.... , ...		.... , ...
7					.... , ...	.... , ...		.... , ...
8					.... , ...	.... , ...		.... , ...
9					.... , ...	.... , ...		.... , ...
10					.... , ...	.... , ...		.... , ...
11					.... , ...	.... , ...		.... , ...
12					.... , ...	.... , ...		.... , ...
13					.... , ...	.... , ...		.... , ...
14					.... , ...	.... , ...		.... , ...
15					.... , ...	.... , ...		.... , ...
16					.... , ...	.... , ...		.... , ...
17					.... , ...	.... , ...		.... , ...
18					.... , ...	.... , ...		.... , ...
19					.... , ...	.... , ...		.... , ...
20					.... , ...	.... , ...		.... , ...
21					.... , ...	.... , ...		.... , ...
22					.... , ...	.... , ...		.... , ...
23					.... , ...	.... , ...		.... , ...
24					.... , ...	.... , ...		.... , ...
25					.... , ...	.... , ...		.... , ...
26					.... , ...	.... , ...		.... , ...
27					.... , ...	.... , ...		.... , ...
28					.... , ...	.... , ...		.... , ...
29					.... , ...	.... , ...		.... , ...
30					.... , ...	.... , ...		.... , ...
							Total	.... , ...

Mois _____ **20** _____

N°	Date	Réf.	Client	Désignation	Dépenses	Recettes	Moyen de paiement	Solde
1					.... , ...	.... , ...		.... , ...
2					.... , ...	.... , ...		.... , ...
3					.... , ...	.... , ...		.... , ...
4					.... , ...	.... , ...		.... , ...
5					.... , ...	.... , ...		.... , ...
6					.... , ...	.... , ...		.... , ...
7					.... , ...	.... , ...		.... , ...
8					.... , ...	.... , ...		.... , ...
9					.... , ...	.... , ...		.... , ...
10					.... , ...	.... , ...		.... , ...
11					.... , ...	.... , ...		.... , ...
12					.... , ...	.... , ...		.... , ...
13					.... , ...	.... , ...		.... , ...
14					.... , ...	.... , ...		.... , ...
15					.... , ...	.... , ...		.... , ...
16					.... , ...	.... , ...		.... , ...
17					.... , ...	.... , ...		.... , ...
18					.... , ...	.... , ...		.... , ...
19					.... , ...	.... , ...		.... , ...
20					.... , ...	.... , ...		.... , ...
21					.... , ...	.... , ...		.... , ...
22					.... , ...	.... , ...		.... , ...
23					.... , ...	.... , ...		.... , ...
24					.... , ...	.... , ...		.... , ...
25					.... , ...	.... , ...		.... , ...
26					.... , ...	.... , ...		.... , ...
27					.... , ...	.... , ...		.... , ...
28					.... , ...	.... , ...		.... , ...
29					.... , ...	.... , ...		.... , ...
30					.... , ...	.... , ...		.... , ...
							Total	.... , ...

Mois _____ 20____

N°	Date	Réf.	Client	Désignation	Dépenses	Recettes	Moyen de paiement	Solde
1					.... , ...	.... , ...		.... , ...
2					.... , ...	.... , ...		.... , ...
3					.... , ...	.... , ...		.... , ...
4					.... , ...	.... , ...		.... , ...
5					.... , ...	.... , ...		.... , ...
6					.... , ...	.... , ...		.... , ...
7					.... , ...	.... , ...		.... , ...
8					.... , ...	.... , ...		.... , ...
9					.... , ...	.... , ...		.... , ...
10					.... , ...	.... , ...		.... , ...
11					.... , ...	.... , ...		.... , ...
12					.... , ...	.... , ...		.... , ...
13					.... , ...	.... , ...		.... , ...
14					.... , ...	.... , ...		.... , ...
15					.... , ...	.... , ...		.... , ...
16					.... , ...	.... , ...		.... , ...
17					.... , ...	.... , ...		.... , ...
18					.... , ...	.... , ...		.... , ...
19					.... , ...	.... , ...		.... , ...
20					.... , ...	.... , ...		.... , ...
21					.... , ...	.... , ...		.... , ...
22					.... , ...	.... , ...		.... , ...
23					.... , ...	.... , ...		.... , ...
24					.... , ...	.... , ...		.... , ...
25					.... , ...	.... , ...		.... , ...
26					.... , ...	.... , ...		.... , ...
27					.... , ...	.... , ...		.... , ...
28					.... , ...	.... , ...		.... , ...
29					.... , ...	.... , ...		.... , ...
30					.... , ...	.... , ...		.... , ...
							Total	.... , ...

Mois _____ 20 _____

N°	Date	Réf.	Client	Désignation	Dépenses	Recettes	Moyen de paiement	Solde
1					.... , ...	.... , ...		.... , ...
2					.... , ...	.... , ...		.... , ...
3					.... , ...	.... , ...		.... , ...
4					.... , ...	.... , ...		.... , ...
5					.... , ...	.... , ...		.... , ...
6					.... , ...	.... , ...		.... , ...
7					.... , ...	.... , ...		.... , ...
8					.... , ...	.... , ...		.... , ...
9					.... , ...	.... , ...		.... , ...
10					.... , ...	.... , ...		.... , ...
11					.... , ...	.... , ...		.... , ...
12					.... , ...	.... , ...		.... , ...
13					.... , ...	.... , ...		.... , ...
14					.... , ...	.... , ...		.... , ...
15					.... , ...	.... , ...		.... , ...
16					.... , ...	.... , ...		.... , ...
17					.... , ...	.... , ...		.... , ...
18					.... , ...	.... , ...		.... , ...
19					.... , ...	.... , ...		.... , ...
20					.... , ...	.... , ...		.... , ...
21					.... , ...	.... , ...		.... , ...
22					.... , ...	.... , ...		.... , ...
23					.... , ...	.... , ...		.... , ...
24					.... , ...	.... , ...		.... , ...
25					.... , ...	.... , ...		.... , ...
26					.... , ...	.... , ...		.... , ...
27					.... , ...	.... , ...		.... , ...
28					.... , ...	.... , ...		.... , ...
29					.... , ...	.... , ...		.... , ...
30					.... , ...	.... , ...		.... , ...
							Total	.... , ...

Mois   20

N°	Date	Réf.	Client	Désignation	Dépenses	Recettes	Moyen de paiement	Solde
1					.... , ...	.... , ...		.... , ...
2					.... , ...	.... , ...		.... , ...
3					.... , ...	.... , ...		.... , ...
4					.... , ...	.... , ...		.... , ...
5					.... , ...	.... , ...		.... , ...
6					.... , ...	.... , ...		.... , ...
7					.... , ...	.... , ...		.... , ...
8					.... , ...	.... , ...		.... , ...
9					.... , ...	.... , ...		.... , ...
10					.... , ...	.... , ...		.... , ...
11					.... , ...	.... , ...		.... , ...
12					.... , ...	.... , ...		.... , ...
13					.... , ...	.... , ...		.... , ...
14					.... , ...	.... , ...		.... , ...
15					.... , ...	.... , ...		.... , ...
16					.... , ...	.... , ...		.... , ...
17					.... , ...	.... , ...		.... , ...
18					.... , ...	.... , ...		.... , ...
19					.... , ...	.... , ...		.... , ...
20					.... , ...	.... , ...		.... , ...
21					.... , ...	.... , ...		.... , ...
22					.... , ...	.... , ...		.... , ...
23					.... , ...	.... , ...		.... , ...
24					.... , ...	.... , ...		.... , ...
25					.... , ...	.... , ...		.... , ...
26					.... , ...	.... , ...		.... , ...
27					.... , ...	.... , ...		.... , ...
28					.... , ...	.... , ...		.... , ...
29					.... , ...	.... , ...		.... , ...
30					.... , ...	.... , ...		.... , ...
							Total	.... , ...

Mois _____ **20** _____

N°	Date	Réf.	Client	Désignation	Dépenses	Recettes	Moyen de paiement	Solde
1					.... , ...	.... , ...		.... , ...
2					.... , ...	.... , ...		.... , ...
3					.... , ...	.... , ...		.... , ...
4					.... , ...	.... , ...		.... , ...
5					.... , ...	.... , ...		.... , ...
6					.... , ...	.... , ...		.... , ...
7					.... , ...	.... , ...		.... , ...
8					.... , ...	.... , ...		.... , ...
9					.... , ...	.... , ...		.... , ...
10					.... , ...	.... , ...		.... , ...
11					.... , ...	.... , ...		.... , ...
12					.... , ...	.... , ...		.... , ...
13					.... , ...	.... , ...		.... , ...
14					.... , ...	.... , ...		.... , ...
15					.... , ...	.... , ...		.... , ...
16					.... , ...	.... , ...		.... , ...
17					.... , ...	.... , ...		.... , ...
18					.... , ...	.... , ...		.... , ...
19					.... , ...	.... , ...		.... , ...
20					.... , ...	.... , ...		.... , ...
21					.... , ...	.... , ...		.... , ...
22					.... , ...	.... , ...		.... , ...
23					.... , ...	.... , ...		.... , ...
24					.... , ...	.... , ...		.... , ...
25					.... , ...	.... , ...		.... , ...
26					.... , ...	.... , ...		.... , ...
27					.... , ...	.... , ...		.... , ...
28					.... , ...	.... , ...		.... , ...
29					.... , ...	.... , ...		.... , ...
30					.... , ...	.... , ...		.... , ...

	Total	.... , ...

Mois _____ 20 _____

N°	Date	Réf.	Client	Désignation	Dépenses	Recettes	Moyen de paiement	Solde
1					.... , ...	.... , ...		.... , ...
2					.... , ...	.... , ...		.... , ...
3					.... , ...	.... , ...		.... , ...
4					.... , ...	.... , ...		.... , ...
5					.... , ...	.... , ...		.... , ...
6					.... , ...	.... , ...		.... , ...
7					.... , ...	.... , ...		.... , ...
8					.... , ...	.... , ...		.... , ...
9					.... , ...	.... , ...		.... , ...
10					.... , ...	.... , ...		.... , ...
11					.... , ...	.... , ...		.... , ...
12					.... , ...	.... , ...		.... , ...
13								
14					.... , ...	.... , ...		.... , ...
15					.... , ...	.... , ...		.... , ...
16					.... , ...	.... , ...		.... , ...
17					.... , ...	.... , ...		.... , ...
18					.... , ...	.... , ...		.... , ...
19					.... , ...	.... , ...		.... , ...
20					.... , ...	.... , ...		.... , ...
21					.... , ...	.... , ...		.... , ...
22					.... , ...	.... , ...		.... , ...
23					.... , ...	.... , ...		.... , ...
24					.... , ...	.... , ...		.... , ...
25					.... , ...	.... , ...		.... , ...
26					.... , ...	.... , ...		.... , ...
27					.... , ...	.... , ...		.... , ...
28					.... , ...	.... , ...		.... , ...
29					.... , ...	.... , ...		.... , ...
30					.... , ...	.... , ...		.... , ...
							Total	.... , ...

Mois _____   20_____

N°	Date	Réf.	Client	Désignation	Dépenses	Recettes	Moyen de paiement	Solde
1					.... , ...	.... , ...		.... , ...
2					.... , ...	.... , ...		.... , ...
3					.... , ...	.... , ...		.... , ...
4					.... , ...	.... , ...		.... , ...
5					.... , ...	.... , ...		.... , ...
6					.... , ...	.... , ...		.... , ...
7					.... , ...	.... , ...		.... , ...
8					.... , ...	.... , ...		.... , ...
9					.... , ...	.... , ...		.... , ...
10					.... , ...	.... , ...		.... , ...
11					.... , ...	.... , ...		.... , ...
12					.... , ...	.... , ...		.... , ...
13					.... , ...	.... , ...		.... , ...
14					.... , ...	.... , ...		.... , ...
15					.... , ...	.... , ...		.... , ...
16					.... , ...	.... , ...		.... , ...
17					.... , ...	.... , ...		.... , ...
18					.... , ...	.... , ...		.... , ...
19					.... , ...	.... , ...		.... , ...
20					.... , ...	.... , ...		.... , ...
21					.... , ...	.... , ...		.... , ...
22					.... , ...	.... , ...		.... , ...
23					.... , ...	.... , ...		.... , ...
24					.... , ...	.... , ...		.... , ...
25					.... , ...	.... , ...		.... , ...
26					.... , ...	.... , ...		.... , ...
27					.... , ...	.... , ...		.... , ...
28					.... , ...	.... , ...		.... , ...
29					.... , ...	.... , ...		.... , ...
30					.... , ...	.... , ...		.... , ...
							Total	.... , ...

Mois _____ 20____

N°	Date	Réf.	Client	Désignation	Dépenses	Recettes	Moyen de paiement	Solde
1					.... , ...	.... , ...		.... , ...
2					.... , ...	.... , ...		.... , ...
3					.... , ...	.... , ...		.... , ...
4					.... , ...	.... , ...		.... , ...
5					.... , ...	.... , ...		.... , ...
6					.... , ...	.... , ...		.... , ...
7					.... , ...	.... , ...		.... , ...
8					.... , ...	.... , ...		.... , ...
9					.... , ...	.... , ...		.... , ...
10					.... , ...	.... , ...		.... , ...
11					.... , ...	.... , ...		.... , ...
12					.... , ...	.... , ...		.... , ...
13					.... , ...	.... , ...		.... , ...
14					.... , ...	.... , ...		.... , ...
15					.... , ...	.... , ...		.... , ...
16					.... , ...	.... , ...		.... , ...
17					.... , ...	.... , ...		.... , ...
18					.... , ...	.... , ...		.... , ...
19					.... , ...	.... , ...		.... , ...
20					.... , ...	.... , ...		.... , ...
21					.... , ...	.... , ...		.... , ...
22					.... , ...	.... , ...		.... , ...
23					.... , ...	.... , ...		.... , ...
24					.... , ...	.... , ...		.... , ...
25					.... , ...	.... , ...		.... , ...
26					.... , ...	.... , ...		.... , ...
27					.... , ...	.... , ...		.... , ...
28					.... , ...	.... , ...		.... , ...
29					.... , ...	.... , ...		.... , ...
30					.... , ...	.... , ...		.... , ...
							Total	.... , ...

Mois   20

N°	Date	Réf.	Client	Désignation	Dépenses	Recettes	Moyen de paiement	Solde
1					.... , ...	.... , ...		.... , ...
2					.... , ...	.... , ...		.... , ...
3					.... , ...	.... , ...		.... , ...
4					.... , ...	.... , ...		.... , ...
5					.... , ...	.... , ...		.... , ...
6					.... , ...	.... , ...		.... , ...
7					.... , ...	.... , ...		.... , ...
8					.... , ...	.... , ...		.... , ...
9					.... , ...	.... , ...		.... , ...
10					.... , ...	.... , ...		.... , ...
11					.... , ...	.... , ...		.... , ...
12					.... , ...	.... , ...		.... , ...
13					.... , ...	.... , ...		.... , ...
14					.... , ...	.... , ...		.... , ...
15					.... , ...	.... , ...		.... , ...
16					.... , ...	.... , ...		.... , ...
17					.... , ...	.... , ...		.... , ...
18					.... , ...	.... , ...		.... , ...
19					.... , ...	.... , ...		.... , ...
20					.... , ...	.... , ...		.... , ...
21					.... , ...	.... , ...		.... , ...
22					.... , ...	.... , ...		.... , ...
23					.... , ...	.... , ...		.... , ...
24					.... , ...	.... , ...		.... , ...
25					.... , ...	.... , ...		.... , ...
26					.... , ...	.... , ...		.... , ...
27					.... , ...	.... , ...		.... , ...
28					.... , ...	.... , ...		.... , ...
29					.... , ...	.... , ...		.... , ...
30					.... , ...	.... , ...		.... , ...
							Total	.... , ...

Mois _____ 20 _____

N°	Date	Réf.	Client	Désignation	Dépenses	Recettes	Moyen de paiement	Solde
1					.... , ...	.... , ...		.... , ...
2					.... , ...	.... , ...		.... , ...
3					.... , ...	.... , ...		.... , ...
4					.... , ...	.... , ...		.... , ...
5					.... , ...	.... , ...		.... , ...
6					.... , ...	.... , ...		.... , ...
7					.... , ...	.... , ...		.... , ...
8					.... , ...	.... , ...		.... , ...
9					.... , ...	.... , ...		.... , ...
10					.... , ...	.... , ...		.... , ...
11					.... , ...	.... , ...		.... , ...
12					.... , ...	.... , ...		.... , ...
13					.... , ...	.... , ...		.... , ...
14					.... , ...	.... , ...		.... , ...
15					.... , ...	.... , ...		.... , ...
16					.... , ...	.... , ...		.... , ...
17					.... , ...	.... , ...		.... , ...
18					.... , ...	.... , ...		.... , ...
19					.... , ...	.... , ...		.... , ...
20					.... , ...	.... , ...		.... , ...
21					.... , ...	.... , ...		.... , ...
22					.... , ...	.... , ...		.... , ...
23					.... , ...	.... , ...		.... , ...
24					.... , ...	.... , ...		.... , ...
25					.... , ...	.... , ...		.... , ...
26					.... , ...	.... , ...		.... , ...
27					.... , ...	.... , ...		.... , ...
28					.... , ...	.... , ...		.... , ...
29					.... , ...	.... , ...		.... , ...
30					.... , ...	.... , ...		.... , ...
							Total	.... , ...

Mois _____ 20 _____

N°	Date	Réf.	Client	Désignation	Dépenses	Recettes	Moyen de paiement	Solde
1					.... , ...	.... , ...		.... , ...
2					.... , ...	.... , ...		.... , ...
3					.... , ...	.... , ...		.... , ...
4					.... , ...	.... , ...		.... , ...
5					.... , ...	.... , ...		.... , ...
6					.... , ...	.... , ...		.... , ...
7					.... , ...	.... , ...		.... , ...
8					.... , ...	.... , ...		.... , ...
9					.... , ...	.... , ...		.... , ...
10					.... , ...	.... , ...		.... , ...
11					.... , ...	.... , ...		.... , ...
12					.... , ...	.... , ...		.... , ...
13					.... , ...	.... , ...		.... , ...
14					.... , ...	.... , ...		.... , ...
15					.... , ...	.... , ...		.... , ...
16					.... , ...	.... , ...		.... , ...
17					.... , ...	.... , ...		.... , ...
18					.... , ...	.... , ...		.... , ...
19					.... , ...	.... , ...		.... , ...
20					.... , ...	.... , ...		.... , ...
21					.... , ...	.... , ...		.... , ...
22					.... , ...	.... , ...		.... , ...
23					.... , ...	.... , ...		.... , ...
24					.... , ...	.... , ...		.... , ...
25					.... , ...	.... , ...		.... , ...
26					.... , ...	.... , ...		.... , ...
27					.... , ...	.... , ...		.... , ...
28					.... , ...	.... , ...		.... , ...
29					.... , ...	.... , ...		.... , ...
30					.... , ...	.... , ...		.... , ...

	Total
	.... , ...

Mois _____   20 _____

N°	Date	Réf.	Client	Désignation	Dépenses	Recettes	Moyen de paiement	Solde
1					.... , ...	.... , ...		.... , ...
2					.... , ...	.... , ...		.... , ...
3					.... , ...	.... , ...		.... , ...
4					.... , ...	.... , ...		.... , ...
5					.... , ...	.... , ...		.... , ...
6					.... , ...	.... , ...		.... , ...
7					.... , ...	.... , ...		.... , ...
8					.... , ...	.... , ...		.... , ...
9					.... , ...	.... , ...		.... , ...
10					.... , ...	.... , ...		.... , ...
11					.... , ...	.... , ...		.... , ...
12					.... , ...	.... , ...		.... , ...
13					.... , ...	.... , ...		.... , ...
14					.... , ...	.... , ...		.... , ...
15					.... , ...	.... , ...		.... , ...
16					.... , ...	.... , ...		.... , ...
17					.... , ...	.... , ...		.... , ...
18					.... , ...	.... , ...		.... , ...
19					.... , ...	.... , ...		.... , ...
20					.... , ...	.... , ...		.... , ...
21					.... , ...	.... , ...		.... , ...
22					.... , ...	.... , ...		.... , ...
23					.... , ...	.... , ...		.... , ...
24					.... , ...	.... , ...		.... , ...
25					.... , ...	.... , ...		.... , ...
26					.... , ...	.... , ...		.... , ...
27					.... , ...	.... , ...		.... , ...
28					.... , ...	.... , ...		.... , ...
29					.... , ...	.... , ...		.... , ...
30					.... , ...	.... , ...		.... , ...
							Total	.... , ...

Mois _____   20 _____

N°	Date	Réf.	Client	Désignation	Dépenses	Recettes	Moyen de paiement	Solde
1					.... , ...	.... , ...		.... , ...
2					.... , ...	.... , ...		.... , ...
3					.... , ...	.... , ...		.... , ...
4					.... , ...	.... , ...		.... , ...
5					.... , ...	.... , ...		.... , ...
6					.... , ...	.... , ...		.... , ...
7					.... , ...	.... , ...		.... , ...
8					.... , ...	.... , ...		.... , ...
9					.... , ...	.... , ...		.... , ...
10					.... , ...	.... , ...		.... , ...
11					.... , ...	.... , ...		.... , ...
12					.... , ...	.... , ...		.... , ...
13					.... , ...	.... , ...		.... , ...
14					.... , ...	.... , ...		.... , ...
15					.... , ...	.... , ...		.... , ...
16					.... , ...	.... , ...		.... , ...
17					.... , ...	.... , ...		.... , ...
18					.... , ...	.... , ...		.... , ...
19					.... , ...	.... , ...		.... , ...
20					.... , ...	.... , ...		.... , ...
21					.... , ...	.... , ...		.... , ...
22					.... , ...	.... , ...		.... , ...
23					.... , ...	.... , ...		.... , ...
24					.... , ...	.... , ...		.... , ...
25					.... , ...	.... , ...		.... , ...
26					.... , ...	.... , ...		.... , ...
27					.... , ...	.... , ...		.... , ...
28					.... , ...	.... , ...		.... , ...
29					.... , ...	.... , ...		.... , ...
30					.... , ...	.... , ...		.... , ...
							Total	.... , ...

Mois _____   20 _____

N°	Date	Réf.	Client	Désignation	Dépenses	Recettes	Moyen de paiement	Solde
1					.... , ...	.... , ...		.... , ...
2					.... , ...	.... , ...		.... , ...
3					.... , ...	.... , ...		.... , ...
4					.... , ...	.... , ...		.... , ...
5					.... , ...	.... , ...		.... , ...
6					.... , ...	.... , ...		.... , ...
7					.... , ...	.... , ...		.... , ...
8					.... , ...	.... , ...		.... , ...
9					.... , ...	.... , ...		.... , ...
10					.... , ...	.... , ...		.... , ...
11					.... , ...	.... , ...		.... , ...
12					.... , ...	.... , ...		.... , ...
13					.... , ...	.... , ...		.... , ...
14					.... , ...	.... , ...		.... , ...
15					.... , ...	.... , ...		.... , ...
16					.... , ...	.... , ...		.... , ...
17					.... , ...	.... , ...		.... , ...
18					.... , ...	.... , ...		.... , ...
19					.... , ...	.... , ...		.... , ...
20					.... , ...	.... , ...		.... , ...
21					.... , ...	.... , ...		.... , ...
22					.... , ...	.... , ...		.... , ...
23					.... , ...	.... , ...		.... , ...
24					.... , ...	.... , ...		.... , ...
25					.... , ...	.... , ...		.... , ...
26					.... , ...	.... , ...		.... , ...
27					.... , ...	.... , ...		.... , ...
28					.... , ...	.... , ...		.... , ...
29					.... , ...	.... , ...		.... , ...
30					.... , ...	.... , ...		.... , ...
							Total	.... , ...

Mois   20

N°	Date	Réf.	Client	Désignation	Dépenses	Recettes	Moyen de paiement	Solde
1					.... , ...	.... , ...		.... , ...
2					.... , ...	.... , ...		.... , ...
3					.... , ...	.... , ...		.... , ...
4					.... , ...	.... , ...		.... , ...
5					.... , ...	.... , ...		.... , ...
6					.... , ...	.... , ...		.... , ...
7					.... , ...	.... , ...		.... , ...
8					.... , ...	.... , ...		.... , ...
9					.... , ...	.... , ...		.... , ...
10					.... , ...	.... , ...		.... , ...
11					.... , ...	.... , ...		.... , ...
12					.... , ...	.... , ...		.... , ...
13					.... , ...	.... , ...		.... , ...
14					.... , ...	.... , ...		.... , ...
15					.... , ...	.... , ...		.... , ...
16					.... , ...	.... , ...		.... , ...
17					.... , ...	.... , ...		.... , ...
18					.... , ...	.... , ...		.... , ...
19					.... , ...	.... , ...		.... , ...
20					.... , ...	.... , ...		.... , ...
21					.... , ...	.... , ...		.... , ...
22					.... , ...	.... , ...		.... , ...
23					.... , ...	.... , ...		.... , ...
24					.... , ...	.... , ...		.... , ...
25					.... , ...	.... , ...		.... , ...
26					.... , ...	.... , ...		.... , ...
27					.... , ...	.... , ...		.... , ...
28					.... , ...	.... , ...		.... , ...
29					.... , ...	.... , ...		.... , ...
30					.... , ...	.... , ...		.... , ...
							Total	.... , ...

Mois   20

N°	Date	Réf.	Client	Désignation	Dépenses	Recettes	Moyen de paiement	Solde
1					.... , ...	.... , ...		.... , ...
2					.... , ...	.... , ...		.... , ...
3					.... , ...	.... , ...		.... , ...
4					.... , ...	.... , ...		.... , ...
5					.... , ...	.... , ...		.... , ...
6					.... , ...	.... , ...		.... , ...
7					.... , ...	.... , ...		.... , ...
8					.... , ...	.... , ...		.... , ...
9					.... , ...	.... , ...		.... , ...
10					.... , ...	.... , ...		.... , ...
11					.... , ...	.... , ...		.... , ...
12					.... , ...	.... , ...		.... , ...
13					.... , ...	.... , ...		.... , ...
14					.... , ...	.... , ...		.... , ...
15					.... , ...	.... , ...		.... , ...
16					.... , ...	.... , ...		.... , ...
17					.... , ...	.... , ...		.... , ...
18					.... , ...	.... , ...		.... , ...
19					.... , ...	.... , ...		.... , ...
20					.... , ...	.... , ...		.... , ...
21					.... , ...	.... , ...		.... , ...
22					.... , ...	.... , ...		.... , ...
23					.... , ...	.... , ...		.... , ...
24					.... , ...	.... , ...		.... , ...
25					.... , ...	.... , ...		.... , ...
26					.... , ...	.... , ...		.... , ...
27					.... , ...	.... , ...		.... , ...
28					.... , ...	.... , ...		.... , ...
29					.... , ...	.... , ...		.... , ...
30					.... , ...	.... , ...		.... , ...
							Total	.... , ...

Mois _____ 20 ____

N°	Date	Réf.	Client	Désignation	Dépenses	Recettes	Moyen de paiement	Solde
1					.... , ...	.... , ...		.... , ...
2					.... , ...	.... , ...		.... , ...
3					.... , ...	.... , ...		.... , ...
4					.... , ...	.... , ...		.... , ...
5					.... , ...	.... , ...		.... , ...
6					.... , ...	.... , ...		.... , ...
7					.... , ...	.... , ...		.... , ...
8					.... , ...	.... , ...		.... , ...
9					.... , ...	.... , ...		.... , ...
10					.... , ...	.... , ...		.... , ...
11					.... , ...	.... , ...		.... , ...
12					.... , ...	.... , ...		.... , ...
13					.... , ...	.... , ...		.... , ...
14					.... , ...	.... , ...		.... , ...
15					.... , ...	.... , ...		.... , ...
16					.... , ...	.... , ...		.... , ...
17					.... , ...	.... , ...		.... , ...
18					.... , ...	.... , ...		.... , ...
19					.... , ...	.... , ...		.... , ...
20					.... , ...	.... , ...		.... , ...
21					.... , ...	.... , ...		.... , ...
22					.... , ...	.... , ...		.... , ...
23					.... , ...	.... , ...		.... , ...
24					.... , ...	.... , ...		.... , ...
25					.... , ...	.... , ...		.... , ...
26					.... , ...	.... , ...		.... , ...
27					.... , ...	.... , ...		.... , ...
28					.... , ...	.... , ...		.... , ...
29					.... , ...	.... , ...		.... , ...
30					.... , ...	.... , ...		.... , ...
							Total	.... , ...

Mois _____   20 _____

N°	Date	Réf.	Client	Désignation	Dépenses	Recettes	Moyen de paiement	Solde
1					.... , ...	.... , ...		.... , ...
2					.... , ...	.... , ...		.... , ...
3					.... , ...	.... , ...		.... , ...
4					.... , ...	.... , ...		.... , ...
5					.... , ...	.... , ...		.... , ...
6					.... , ...	.... , ...		.... , ...
7					.... , ...	.... , ...		.... , ...
8					.... , ...	.... , ...		.... , ...
9					.... , ...	.... , ...		.... , ...
10					.... , ...	.... , ...		.... , ...
11					.... , ...	.... , ...		.... , ...
12					.... , ...	.... , ...		.... , ...
13					.... , ...	.... , ...		.... , ...
14					.... , ...	.... , ...		.... , ...
15					.... , ...	.... , ...		.... , ...
16					.... , ...	.... , ...		.... , ...
17					.... , ...	.... , ...		.... , ...
18					.... , ...	.... , ...		.... , ...
19					.... , ...	.... , ...		.... , ...
20					.... , ...	.... , ...		.... , ...
21					.... , ...	.... , ...		.... , ...
22					.... , ...	.... , ...		.... , ...
23					.... , ...	.... , ...		.... , ...
24					.... , ...	.... , ...		.... , ...
25					.... , ...	.... , ...		.... , ...
26					.... , ...	.... , ...		.... , ...
27					.... , ...	.... , ...		.... , ...
28					.... , ...	.... , ...		.... , ...
29					.... , ...	.... , ...		.... , ...
30					.... , ...	.... , ...		.... , ...
							Total	.... , ...

Mois   20

N°	Date	Réf.	Client	Désignation	Dépenses	Recettes	Moyen de paiement	Solde
1					.... , ...	.... , ...		.... , ...
2					.... , ...	.... , ...		.... , ...
3					.... , ...	.... , ...		.... , ...
4					.... , ...	.... , ...		.... , ...
5					.... , ...	.... , ...		.... , ...
6					.... , ...	.... , ...		.... , ...
7					.... , ...	.... , ...		.... , ...
8					.... , ...	.... , ...		.... , ...
9					.... , ...	.... , ...		.... , ...
10					.... , ...	.... , ...		.... , ...
11					.... , ...	.... , ...		.... , ...
12					.... , ...	.... , ...		.... , ...
13					.... , ...	.... , ...		.... , ...
14					.... , ...	.... , ...		.... , ...
15					.... , ...	.... , ...		.... , ...
16					.... , ...	.... , ...		.... , ...
17					.... , ...	.... , ...		.... , ...
18					.... , ...	.... , ...		.... , ...
19					.... , ...	.... , ...		.... , ...
20					.... , ...	.... , ...		.... , ...
21					.... , ...	.... , ...		.... , ...
22					.... , ...	.... , ...		.... , ...
23					.... , ...	.... , ...		.... , ...
24					.... , ...	.... , ...		.... , ...
25					.... , ...	.... , ...		.... , ...
26					.... , ...	.... , ...		.... , ...
27					.... , ...	.... , ...		.... , ...
28					.... , ...	.... , ...		.... , ...
29					.... , ...	.... , ...		.... , ...
30					.... , ...	.... , ...		.... , ...
							Total	.... , ...

Mois _____   20____

N°	Date	Réf.	Client	Désignation	Dépenses	Recettes	Moyen de paiement	Solde
1					.... , ...	.... , ...		.... , ...
2					.... , ...	.... , ...		.... , ...
3					.... , ...	.... , ...		.... , ...
4					.... , ...	.... , ...		.... , ...
5					.... , ...	.... , ...		.... , ...
6					.... , ...	.... , ...		.... , ...
7					.... , ...	.... , ...		.... , ...
8					.... , ...	.... , ...		.... , ...
9					.... , ...	.... , ...		.... , ...
10					.... , ...	.... , ...		.... , ...
11					.... , ...	.... , ...		.... , ...
12					.... , ...	.... , ...		.... , ...
13					.... , ...	.... , ...		.... , ...
14					.... , ...	.... , ...		.... , ...
15					.... , ...	.... , ...		.... , ...
16					.... , ...	.... , ...		.... , ...
17					.... , ...	.... , ...		.... , ...
18					.... , ...	.... , ...		.... , ...
19					.... , ...	.... , ...		.... , ...
20					.... , ...	.... , ...		.... , ...
21					.... , ...	.... , ...		.... , ...
22					.... , ...	.... , ...		.... , ...
23					.... , ...	.... , ...		.... , ...
24					.... , ...	.... , ...		.... , ...
25					.... , ...	.... , ...		.... , ...
26					.... , ...	.... , ...		.... , ...
27					.... , ...	.... , ...		.... , ...
28					.... , ...	.... , ...		.... , ...
29					.... , ...	.... , ...		.... , ...
30					.... , ...	.... , ...		.... , ...
							Total	.... , ...

Mois _____   20 _____

N°	Date	Réf.	Client	Désignation	Dépenses	Recettes	Moyen de paiement	Solde
1					.... , ...	.... , ...		.... , ...
2					.... , ...	.... , ...		.... , ...
3					.... , ...	.... , ...		.... , ...
4					.... , ...	.... , ...		.... , ...
5					.... , ...	.... , ...		.... , ...
6					.... , ...	.... , ...		.... , ...
7					.... , ...	.... , ...		.... , ...
8					.... , ...	.... , ...		.... , ...
9					.... , ...	.... , ...		.... , ...
10					.... , ...	.... , ...		.... , ...
11					.... , ...	.... , ...		.... , ...
12					.... , ...	.... , ...		.... , ...
13					.... , ...	.... , ...		.... , ...
14					.... , ...	.... , ...		.... , ...
15					.... , ...	.... , ...		.... , ...
16					.... , ...	.... , ...		.... , ...
17					.... , ...	.... , ...		.... , ...
18					.... , ...	.... , ...		.... , ...
19					.... , ...	.... , ...		.... , ...
20					.... , ...	.... , ...		.... , ...
21					.... , ...	.... , ...		.... , ...
22					.... , ...	.... , ...		.... , ...
23					.... , ...	.... , ...		.... , ...
24					.... , ...	.... , ...		.... , ...
25					.... , ...	.... , ...		.... , ...
26					.... , ...	.... , ...		.... , ...
27					.... , ...	.... , ...		.... , ...
28					.... , ...	.... , ...		.... , ...
29					.... , ...	.... , ...		.... , ...
30					.... , ...	.... , ...		.... , ...
							Total	.... , ...

Mois _____   20____

N°	Date	Réf.	Client	Désignation	Dépenses	Recettes	Moyen de paiement	Solde
1					.... , ...	.... , ...		.... , ...
2					.... , ...	.... , ...		.... , ...
3					.... , ...	.... , ...		.... , ...
4					.... , ...	.... , ...		.... , ...
5					.... , ...	.... , ...		.... , ...
6					.... , ...	.... , ...		.... , ...
7					.... , ...	.... , ...		.... , ...
8					.... , ...	.... , ...		.... , ...
9					.... , ...	.... , ...		.... , ...
10					.... , ...	.... , ...		.... , ...
11					.... , ...	.... , ...		.... , ...
12					.... , ...	.... , ...		.... , ...
13					.... , ...	.... , ...		.... , ...
14					.... , ...	.... , ...		.... , ...
15					.... , ...	.... , ...		.... , ...
16					.... , ...	.... , ...		.... , ...
17					.... , ...	.... , ...		.... , ...
18					.... , ...	.... , ...		.... , ...
19					.... , ...	.... , ...		.... , ...
20					.... , ...	.... , ...		.... , ...
21					.... , ...	.... , ...		.... , ...
22					.... , ...	.... , ...		.... , ...
23					.... , ...	.... , ...		.... , ...
24					.... , ...	.... , ...		.... , ...
25					.... , ...	.... , ...		.... , ...
26					.... , ...	.... , ...		.... , ...
27					.... , ...	.... , ...		.... , ...
28					.... , ...	.... , ...		.... , ...
29					.... , ...	.... , ...		.... , ...
30					.... , ...	.... , ...		.... , ...
							Total	.... , ...

Mois _____ 20___

N°	Date	Réf.	Client	Désignation	Dépenses	Recettes	Moyen de paiement	Solde
1					.... , ...	.... , ...		.... , ...
2					.... , ...	.... , ...		.... , ...
3					.... , ...	.... , ...		.... , ...
4					.... , ...	.... , ...		.... , ...
5					.... , ...	.... , ...		.... , ...
6					.... , ...	.... , ...		.... , ...
7					.... , ...	.... , ...		.... , ...
8					.... , ...	.... , ...		.... , ...
9					.... , ...	.... , ...		.... , ...
10					.... , ...	.... , ...		.... , ...
11					.... , ...	.... , ...		.... , ...
12					.... , ...	.... , ...		.... , ...
13					.... , ...	.... , ...		.... , ...
14					.... , ...	.... , ...		.... , ...
15					.... , ...	.... , ...		.... , ...
16					.... , ...	.... , ...		.... , ...
17					.... , ...	.... , ...		.... , ...
18					.... , ...	.... , ...		.... , ...
19					.... , ...	.... , ...		.... , ...
20					.... , ...	.... , ...		.... , ...
21					.... , ...	.... , ...		.... , ...
22					.... , ...	.... , ...		.... , ...
23					.... , ...	.... , ...		.... , ...
24					.... , ...	.... , ...		.... , ...
25					.... , ...	.... , ...		.... , ...
26					.... , ...	.... , ...		.... , ...
27					.... , ...	.... , ...		.... , ...
28					.... , ...	.... , ...		.... , ...
29					.... , ...	.... , ...		.... , ...
30					.... , ...	.... , ...		.... , ...

Total	.... , ...

Mois _____   20 _____

N°	Date	Réf.	Client	Désignation	Dépenses	Recettes	Moyen de paiement	Solde
1					.... , ...	.... , ...		.... , ...
2					.... , ...	.... , ...		.... , ...
3					.... , ...	.... , ...		.... , ...
4					.... , ...	.... , ...		.... , ...
5					.... , ...	.... , ...		.... , ...
6					.... , ...	.... , ...		.... , ...
7					.... , ...	.... , ...		.... , ...
8					.... , ...	.... , ...		.... , ...
9					.... , ...	.... , ...		.... , ...
10					.... , ...	.... , ...		.... , ...
11					.... , ...	.... , ...		.... , ...
12					.... , ...	.... , ...		.... , ...
13					.... , ...	.... , ...		.... , ...
14					.... , ...	.... , ...		.... , ...
15					.... , ...	.... , ...		.... , ...
16					.... , ...	.... , ...		.... , ...
17					.... , ...	.... , ...		.... , ...
18					.... , ...	.... , ...		.... , ...
19					.... , ...	.... , ...		.... , ...
20					.... , ...	.... , ...		.... , ...
21					.... , ...	.... , ...		.... , ...
22					.... , ...	.... , ...		.... , ...
23					.... , ...	.... , ...		.... , ...
24					.... , ...	.... , ...		.... , ...
25					.... , ...	.... , ...		.... , ...
26					.... , ...	.... , ...		.... , ...
27					.... , ...	.... , ...		.... , ...
28					.... , ...	.... , ...		.... , ...
29					.... , ...	.... , ...		.... , ...
30					.... , ...	.... , ...		.... , ...
							Total	.... , ...

Mois _____   20 _____

N°	Date	Réf.	Client	Désignation	Dépenses	Recettes	Moyen de paiement	Solde
1					.... , ...	.... , ...		.... , ...
2					.... , ...	.... , ...		.... , ...
3					.... , ...	.... , ...		.... , ...
4					.... , ...	.... , ...		.... , ...
5					.... , ...	.... , ...		.... , ...
6					.... , ...	.... , ...		.... , ...
7					.... , ...	.... , ...		.... , ...
8					.... , ...	.... , ...		.... , ...
9					.... , ...	.... , ...		.... , ...
10					.... , ...	.... , ...		.... , ...
11					.... , ...	.... , ...		.... , ...
12					.... , ...	.... , ...		.... , ...
13					.... , ...	.... , ...		.... , ...
14					.... , ...	.... , ...		.... , ...
15					.... , ...	.... , ...		.... , ...
16					.... , ...	.... , ...		.... , ...
17					.... , ...	.... , ...		.... , ...
18					.... , ...	.... , ...		.... , ...
19					.... , ...	.... , ...		.... , ...
20					.... , ...	.... , ...		.... , ...
21					.... , ...	.... , ...		.... , ...
22					.... , ...	.... , ...		.... , ...
23					.... , ...	.... , ...		.... , ...
24					.... , ...	.... , ...		.... , ...
25					.... , ...	.... , ...		.... , ...
26					.... , ...	.... , ...		.... , ...
27					.... , ...	.... , ...		.... , ...
28					.... , ...	.... , ...		.... , ...
29					.... , ...	.... , ...		.... , ...
30					.... , ...	.... , ...		.... , ...
							Total	.... , ...

Mois _____   20 _____

N°	Date	Réf.	Client	Désignation	Dépenses	Recettes	Moyen de paiement	Solde
1					.... , ...	.... , ...		.... , ...
2					.... , ...	.... , ...		.... , ...
3					.... , ...	.... , ...		.... , ...
4					.... , ...	.... , ...		.... , ...
5					.... , ...	.... , ...		.... , ...
6					.... , ...	.... , ...		.... , ...
7					.... , ...	.... , ...		.... , ...
8					.... , ...	.... , ...		.... , ...
9					.... , ...	.... , ...		.... , ...
10					.... , ...	.... , ...		.... , ...
11					.... , ...	.... , ...		.... , ...
12					.... , ...	.... , ...		.... , ...
13					.... , ...	.... , ...		.... , ...
14					.... , ...	.... , ...		.... , ...
15					.... , ...	.... , ...		.... , ...
16					.... , ...	.... , ...		.... , ...
17					.... , ...	.... , ...		.... , ...
18					.... , ...	.... , ...		.... , ...
19					.... , ...	.... , ...		.... , ...
20					.... , ...	.... , ...		.... , ...
21					.... , ...	.... , ...		.... , ...
22					.... , ...	.... , ...		.... , ...
23					.... , ...	.... , ...		.... , ...
24					.... , ...	.... , ...		.... , ...
25					.... , ...	.... , ...		.... , ...
26					.... , ...	.... , ...		.... , ...
27					.... , ...	.... , ...		.... , ...
28					.... , ...	.... , ...		.... , ...
29					.... , ...	.... , ...		.... , ...
30					.... , ...	.... , ...		.... , ...
							Total	.... , ...

Mois _____ 20 _____

N°	Date	Réf.	Client	Désignation	Dépenses	Recettes	Moyen de paiement	Solde
1					.... , ...	.... , ...		.... , ...
2					.... , ...	.... , ...		.... , ...
3					.... , ...	.... , ...		.... , ...
4					.... , ...	.... , ...		.... , ...
5					.... , ...	.... , ...		.... , ...
6					.... , ...	.... , ...		.... , ...
7					.... , ...	.... , ...		.... , ...
8					.... , ...	.... , ...		.... , ...
9					.... , ...	.... , ...		.... , ...
10					.... , ...	.... , ...		.... , ...
11					.... , ...	.... , ...		.... , ...
12					.... , ...	.... , ...		.... , ...
13					.... , ...	.... , ...		.... , ...
14					.... , ...	.... , ...		.... , ...
15					.... , ...	.... , ...		.... , ...
16					.... , ...	.... , ...		.... , ...
17					.... , ...	.... , ...		.... , ...
18					.... , ...	.... , ...		.... , ...
19					.... , ...	.... , ...		.... , ...
20					.... , ...	.... , ...		.... , ...
21					.... , ...	.... , ...		.... , ...
22					.... , ...	.... , ...		.... , ...
23					.... , ...	.... , ...		.... , ...
24					.... , ...	.... , ...		.... , ...
25					.... , ...	.... , ...		.... , ...
26					.... , ...	.... , ...		.... , ...
27					.... , ...	.... , ...		.... , ...
28					.... , ...	.... , ...		.... , ...
29					.... , ...	.... , ...		.... , ...
30					.... , ...	.... , ...		.... , ...
							Total	.... , ...

Mois _____   20 _____

N°	Date	Réf.	Client	Désignation	Dépenses	Recettes	Moyen de paiement	Solde
1					.... , ...	.... , ...		.... , ...
2					.... , ...	.... , ...		.... , ...
3					.... , ...	.... , ...		.... , ...
4					.... , ...	.... , ...		.... , ...
5					.... , ...	.... , ...		.... , ...
6					.... , ...	.... , ...		.... , ...
7					.... , ...	.... , ...		.... , ...
8					.... , ...	.... , ...		.... , ...
9					.... , ...	.... , ...		.... , ...
10					.... , ...	.... , ...		.... , ...
11					.... , ...	.... , ...		.... , ...
12					.... , ...	.... , ...		.... , ...
13					.... , ...	.... , ...		.... , ...
14					.... , ...	.... , ...		.... , ...
15					.... , ...	.... , ...		.... , ...
16					.... , ...	.... , ...		.... , ...
17					.... , ...	.... , ...		.... , ...
18					.... , ...	.... , ...		.... , ...
19					.... , ...	.... , ...		.... , ...
20					.... , ...	.... , ...		.... , ...
21					.... , ...	.... , ...		.... , ...
22					.... , ...	.... , ...		.... , ...
23					.... , ...	.... , ...		.... , ...
24					.... , ...	.... , ...		.... , ...
25					.... , ...	.... , ...		.... , ...
26					.... , ...	.... , ...		.... , ...
27					.... , ...	.... , ...		.... , ...
28					.... , ...	.... , ...		.... , ...
29					.... , ...	.... , ...		.... , ...
30					.... , ...	.... , ...		.... , ...
							Total	.... , ...

Mois _____ 20 ____

N°	Date	Réf.	Client	Désignation	Dépenses	Recettes	Moyen de paiement	Solde
1					.... , ...	.... , ...		.... , ...
2					.... , ...	.... , ...		.... , ...
3					.... , ...	.... , ...		.... , ...
4					.... , ...	.... , ...		.... , ...
5					.... , ...	.... , ...		.... , ...
6					.... , ...	.... , ...		.... , ...
7					.... , ...	.... , ...		.... , ...
8					.... , ...	.... , ...		.... , ...
9					.... , ...	.... , ...		.... , ...
10					.... , ...	.... , ...		.... , ...
11					.... , ...	.... , ...		.... , ...
12					.... , ...	.... , ...		.... , ...
13					.... , ...	.... , ...		.... , ...
14					.... , ...	.... , ...		.... , ...
15					.... , ...	.... , ...		.... , ...
16					.... , ...	.... , ...		.... , ...
17					.... , ...	.... , ...		.... , ...
18					.... , ...	.... , ...		.... , ...
19					.... , ...	.... , ...		.... , ...
20					.... , ...	.... , ...		.... , ...
21					.... , ...	.... , ...		.... , ...
22					.... , ...	.... , ...		.... , ...
23					.... , ...	.... , ...		.... , ...
24					.... , ...	.... , ...		.... , ...
25					.... , ...	.... , ...		.... , ...
26					.... , ...	.... , ...		.... , ...
27					.... , ...	.... , ...		.... , ...
28					.... , ...	.... , ...		.... , ...
29					.... , ...	.... , ...		.... , ...
30					.... , ...	.... , ...		.... , ...
							Total	.... , ...

Mois _____ 20____

N°	Date	Réf.	Client	Désignation	Dépenses	Recettes	Moyen de paiement	Solde
1					.... , ...	.... , ...		.... , ...
2					.... , ...	.... , ...		.... , ...
3					.... , ...	.... , ...		.... , ...
4					.... , ...	.... , ...		.... , ...
5					.... , ...	.... , ...		.... , ...
6					.... , ...	.... , ...		.... , ...
7					.... , ...	.... , ...		.... , ...
8					.... , ...	.... , ...		.... , ...
9					.... , ...	.... , ...		.... , ...
10					.... , ...	.... , ...		.... , ...
11					.... , ...	.... , ...		.... , ...
12					.... , ...	.... , ...		.... , ...
13					.... , ...	.... , ...		.... , ...
14					.... , ...	.... , ...		.... , ...
15					.... , ...	.... , ...		.... , ...
16					.... , ...	.... , ...		.... , ...
17					.... , ...	.... , ...		.... , ...
18					.... , ...	.... , ...		.... , ...
19					.... , ...	.... , ...		.... , ...
20					.... , ...	.... , ...		.... , ...
21					.... , ...	.... , ...		.... , ...
22					.... , ...	.... , ...		.... , ...
23					.... , ...	.... , ...		.... , ...
24					.... , ...	.... , ...		.... , ...
25					.... , ...	.... , ...		.... , ...
26					.... , ...	.... , ...		.... , ...
27					.... , ...	.... , ...		.... , ...
28					.... , ...	.... , ...		.... , ...
29					.... , ...	.... , ...		.... , ...
30					.... , ...	.... , ...		.... , ...
							Total	.... , ...

Mois _____   20 _____

N°	Date	Réf.	Client	Désignation	Dépenses	Recettes	Moyen de paiement	Solde
1					.... , ...	.... , ...		.... , ...
2					.... , ...	.... , ...		.... , ...
3					.... , ...	.... , ...		.... , ...
4					.... , ...	.... , ...		.... , ...
5					.... , ...	.... , ...		.... , ...
6					.... , ...	.... , ...		.... , ...
7					.... , ...	.... , ...		.... , ...
8					.... , ...	.... , ...		.... , ...
9					.... , ...	.... , ...		.... , ...
10					.... , ...	.... , ...		.... , ...
11					.... , ...	.... , ...		.... , ...
12					.... , ...	.... , ...		.... , ...
13					.... , ...	.... , ...		.... , ...
14					.... , ...	.... , ...		.... , ...
15					.... , ...	.... , ...		.... , ...
16					.... , ...	.... , ...		.... , ...
17					.... , ...	.... , ...		.... , ...
18					.... , ...	.... , ...		.... , ...
19					.... , ...	.... , ...		.... , ...
20					.... , ...	.... , ...		.... , ...
21					.... , ...	.... , ...		.... , ...
22					.... , ...	.... , ...		.... , ...
23					.... , ...	.... , ...		.... , ...
24					.... , ...	.... , ...		.... , ...
25					.... , ...	.... , ...		.... , ...
26					.... , ...	.... , ...		.... , ...
27					.... , ...	.... , ...		.... , ...
28					.... , ...	.... , ...		.... , ...
29					.... , ...	.... , ...		.... , ...
30					.... , ...	.... , ...		.... , ...
							Total	.... , ...

Mois   20

N°	Date	Réf.	Client	Désignation	Dépenses	Recettes	Moyen de paiement	Solde
1					.... , ...	.... , ...		.... , ...
2					.... , ...	.... , ...		.... , ...
3					.... , ...	.... , ...		.... , ...
4					.... , ...	.... , ...		.... , ...
5					.... , ...	.... , ...		.... , ...
6					.... , ...	.... , ...		.... , ...
7					.... , ...	.... , ...		.... , ...
8					.... , ...	.... , ...		.... , ...
9					.... , ...	.... , ...		.... , ...
10					.... , ...	.... , ...		.... , ...
11					.... , ...	.... , ...		.... , ...
12					.... , ...	.... , ...		.... , ...
13					.... , ...	.... , ...		.... , ...
14					.... , ...	.... , ...		.... , ...
15					.... , ...	.... , ...		.... , ...
16					.... , ...	.... , ...		.... , ...
17					.... , ...	.... , ...		.... , ...
18					.... , ...	.... , ...		.... , ...
19					.... , ...	.... , ...		.... , ...
20					.... , ...	.... , ...		.... , ...
21					.... , ...	.... , ...		.... , ...
22					.... , ...	.... , ...		.... , ...
23					.... , ...	.... , ...		.... , ...
24					.... , ...	.... , ...		.... , ...
25					.... , ...	.... , ...		.... , ...
26					.... , ...	.... , ...		.... , ...
27					.... , ...	.... , ...		.... , ...
28					.... , ...	.... , ...		.... , ...
29					.... , ...	.... , ...		.... , ...
30					.... , ...	.... , ...		.... , ...
							Total	.... , ...

Mois _____ 20 _____

N°	Date	Réf.	Client	Désignation	Dépenses	Recettes	Moyen de paiement	Solde
1					.... , ...	.... , ...		.... , ...
2					.... , ...	.... , ...		.... , ...
3					.... , ...	.... , ...		.... , ...
4					.... , ...	.... , ...		.... , ...
5					.... , ...	.... , ...		.... , ...
6					.... , ...	.... , ...		.... , ...
7					.... , ...	.... , ...		.... , ...
8					.... , ...	.... , ...		.... , ...
9					.... , ...	.... , ...		.... , ...
10					.... , ...	.... , ...		.... , ...
11					.... , ...	.... , ...		.... , ...
12					.... , ...	.... , ...		.... , ...
13					.... , ...	.... , ...		.... , ...
14					.... , ...	.... , ...		.... , ...
15					.... , ...	.... , ...		.... , ...
16					.... , ...	.... , ...		.... , ...
17					.... , ...	.... , ...		.... , ...
18					.... , ...	.... , ...		.... , ...
19					.... , ...	.... , ...		.... , ...
20					.... , ...	.... , ...		.... , ...
21					.... , ...	.... , ...		.... , ...
22					.... , ...	.... , ...		.... , ...
23					.... , ...	.... , ...		.... , ...
24					.... , ...	.... , ...		.... , ...
25					.... , ...	.... , ...		.... , ...
26					.... , ...	.... , ...		.... , ...
27					.... , ...	.... , ...		.... , ...
28					.... , ...	.... , ...		.... , ...
29					.... , ...	.... , ...		.... , ...
30					.... , ...	.... , ...		.... , ...

	Total	.... , ...

Mois _____   20 _____

N°	Date	Réf.	Client	Désignation	Dépenses	Recettes	Moyen de paiement	Solde
1					.... , ...	.... , ...		.... , ...
2					.... , ...	.... , ...		.... , ...
3					.... , ...	.... , ...		.... , ...
4					.... , ...	.... , ...		.... , ...
5					.... , ...	.... , ...		.... , ...
6					.... , ...	.... , ...		.... , ...
7					.... , ...	.... , ...		.... , ...
8					.... , ...	.... , ...		.... , ...
9					.... , ...	.... , ...		.... , ...
10					.... , ...	.... , ...		.... , ...
11					.... , ...	.... , ...		.... , ...
12					.... , ...	.... , ...		.... , ...
13					.... , ...	.... , ...		.... , ...
14					.... , ...	.... , ...		.... , ...
15					.... , ...	.... , ...		.... , ...
16					.... , ...	.... , ...		.... , ...
17					.... , ...	.... , ...		.... , ...
18					.... , ...	.... , ...		.... , ...
19					.... , ...	.... , ...		.... , ...
20					.... , ...	.... , ...		.... , ...
21					.... , ...	.... , ...		.... , ...
22					.... , ...	.... , ...		.... , ...
23					.... , ...	.... , ...		.... , ...
24					.... , ...	.... , ...		.... , ...
25					.... , ...	.... , ...		.... , ...
26					.... , ...	.... , ...		.... , ...
27					.... , ...	.... , ...		.... , ...
28					.... , ...	.... , ...		.... , ...
29					.... , ...	.... , ...		.... , ...
30					.... , ...	.... , ...		.... , ...
							Total	.... , ...

Mois   20

N°	Date	Réf.	Client	Désignation	Dépenses	Recettes	Moyen de paiement	Solde
1					.... , ...	.... , ...		.... , ...
2					.... , ...	.... , ...		.... , ...
3					.... , ...	.... , ...		.... , ...
4					.... , ...	.... , ...		.... , ...
5					.... , ...	.... , ...		.... , ...
6					.... , ...	.... , ...		.... , ...
7					.... , ...	.... , ...		.... , ...
8					.... , ...	.... , ...		.... , ...
9					.... , ...	.... , ...		.... , ...
10					.... , ...	.... , ...		.... , ...
11					.... , ...	.... , ...		.... , ...
12					.... , ...	.... , ...		.... , ...
13					.... , ...	.... , ...		.... , ...
14					.... , ...	.... , ...		.... , ...
15					.... , ...	.... , ...		.... , ...
16					.... , ...	.... , ...		.... , ...
17					.... , ...	.... , ...		.... , ...
18					.... , ...	.... , ...		.... , ...
19					.... , ...	.... , ...		.... , ...
20					.... , ...	.... , ...		.... , ...
21					.... , ...	.... , ...		.... , ...
22					.... , ...	.... , ...		.... , ...
23					.... , ...	.... , ...		.... , ...
24					.... , ...	.... , ...		.... , ...
25					.... , ...	.... , ...		.... , ...
26					.... , ...	.... , ...		.... , ...
27					.... , ...	.... , ...		.... , ...
28					.... , ...	.... , ...		.... , ...
29					.... , ...	.... , ...		.... , ...
30					.... , ...	.... , ...		.... , ...
							Total	.... , ...

Mois _____ 20 _____

N°	Date	Réf.	Client	Désignation	Dépenses	Recettes	Moyen de paiement	Solde
1					.... , ...	.... , ...		.... , ...
2					.... , ...	.... , ...		.... , ...
3					.... , ...	.... , ...		.... , ...
4					.... , ...	.... , ...		.... , ...
5					.... , ...	.... , ...		.... , ...
6					.... , ...	.... , ...		.... , ...
7					.... , ...	.... , ...		.... , ...
8					.... , ...	.... , ...		.... , ...
9					.... , ...	.... , ...		.... , ...
10					.... , ...	.... , ...		.... , ...
11					.... , ...	.... , ...		.... , ...
12					.... , ...	.... , ...		.... , ...
13					.... , ...	.... , ...		.... , ...
14					.... , ...	.... , ...		.... , ...
15					.... , ...	.... , ...		.... , ...
16					.... , ...	.... , ...		.... , ...
17					.... , ...	.... , ...		.... , ...
18					.... , ...	.... , ...		.... , ...
19					.... , ...	.... , ...		.... , ...
20					.... , ...	.... , ...		.... , ...
21					.... , ...	.... , ...		.... , ...
22					.... , ...	.... , ...		.... , ...
23					.... , ...	.... , ...		.... , ...
24					.... , ...	.... , ...		.... , ...
25					.... , ...	.... , ...		.... , ...
26					.... , ...	.... , ...		.... , ...
27					.... , ...	.... , ...		.... , ...
28					.... , ...	.... , ...		.... , ...
29					.... , ...	.... , ...		.... , ...
30					.... , ...	.... , ...		.... , ...

	Total	.... , ...

Mois _____   20 _____

N°	Date	Réf.	Client	Désignation	Dépenses	Recettes	Moyen de paiement	Solde
1					.... , ...	.... , ...		.... , ...
2					.... , ...	.... , ...		.... , ...
3					.... , ...	.... , ...		.... , ...
4					.... , ...	.... , ...		.... , ...
5					.... , ...	.... , ...		.... , ...
6					.... , ...	.... , ...		.... , ...
7					.... , ...	.... , ...		.... , ...
8					.... , ...	.... , ...		.... , ...
9					.... , ...	.... , ...		.... , ...
10					.... , ...	.... , ...		.... , ...
11					.... , ...	.... , ...		.... , ...
12					.... , ...	.... , ...		.... , ...
13					.... , ...	.... , ...		.... , ...
14					.... , ...	.... , ...		.... , ...
15					.... , ...	.... , ...		.... , ...
16					.... , ...	.... , ...		.... , ...
17					.... , ...	.... , ...		.... , ...
18					.... , ...	.... , ...		.... , ...
19					.... , ...	.... , ...		.... , ...
20					.... , ...	.... , ...		.... , ...
21					.... , ...	.... , ...		.... , ...
22					.... , ...	.... , ...		.... , ...
23					.... , ...	.... , ...		.... , ...
24					.... , ...	.... , ...		.... , ...
25					.... , ...	.... , ...		.... , ...
26					.... , ...	.... , ...		.... , ...
27					.... , ...	.... , ...		.... , ...
28					.... , ...	.... , ...		.... , ...
29					.... , ...	.... , ...		.... , ...
30					.... , ...	.... , ...		.... , ...
							Total	.... , ...

Mois _____   20 _____

N°	Date	Réf.	Client	Désignation	Dépenses	Recettes	Moyen de paiement	Solde
1					.... , ...	.... , ...		.... , ...
2					.... , ...	.... , ...		.... , ...
3					.... , ...	.... , ...		.... , ...
4					.... , ...	.... , ...		.... , ...
5					.... , ...	.... , ...		.... , ...
6					.... , ...	.... , ...		.... , ...
7					.... , ...	.... , ...		.... , ...
8					.... , ...	.... , ...		.... , ...
9					.... , ...	.... , ...		.... , ...
10					.... , ...	.... , ...		.... , ...
11					.... , ...	.... , ...		.... , ...
12					.... , ...	.... , ...		.... , ...
13					.... , ...	.... , ...		.... , ...
14					.... , ...	.... , ...		.... , ...
15					.... , ...	.... , ...		.... , ...
16					.... , ...	.... , ...		.... , ...
17					.... , ...	.... , ...		.... , ...
18					.... , ...	.... , ...		.... , ...
19					.... , ...	.... , ...		.... , ...
20					.... , ...	.... , ...		.... , ...
21					.... , ...	.... , ...		.... , ...
22					.... , ...	.... , ...		.... , ...
23					.... , ...	.... , ...		.... , ...
24					.... , ...	.... , ...		.... , ...
25					.... , ...	.... , ...		.... , ...
26					.... , ...	.... , ...		.... , ...
27					.... , ...	.... , ...		.... , ...
28					.... , ...	.... , ...		.... , ...
29					.... , ...	.... , ...		.... , ...
30					.... , ...	.... , ...		.... , ...

Total   .... , ...

Mois _____   20___

N°	Date	Réf.	Client	Désignation	Dépenses	Recettes	Moyen de paiement	Solde
1					.... , ...	.... , ...		.... , ...
2					.... , ...	.... , ...		.... , ...
3					.... , ...	.... , ...		.... , ...
4					.... , ...	.... , ...		.... , ...
5					.... , ...	.... , ...		.... , ...
6					.... , ...	.... , ...		.... , ...
7					.... , ...	.... , ...		.... , ...
8					.... , ...	.... , ...		.... , ...
9					.... , ...	.... , ...		.... , ...
10					.... , ...	.... , ...		.... , ...
11					.... , ...	.... , ...		.... , ...
12					.... , ...	.... , ...		.... , ...
13					.... , ...	.... , ...		.... , ...
14					.... , ...	.... , ...		.... , ...
15					.... , ...	.... , ...		.... , ...
16					.... , ...	.... , ...		.... , ...
17					.... , ...	.... , ...		.... , ...
18					.... , ...	.... , ...		.... , ...
19					.... , ...	.... , ...		.... , ...
20					.... , ...	.... , ...		.... , ...
21					.... , ...	.... , ...		.... , ...
22					.... , ...	.... , ...		.... , ...
23					.... , ...	.... , ...		.... , ...
24					.... , ...	.... , ...		.... , ...
25					.... , ...	.... , ...		.... , ...
26					.... , ...	.... , ...		.... , ...
27					.... , ...	.... , ...		.... , ...
28					.... , ...	.... , ...		.... , ...
29					.... , ...	.... , ...		.... , ...
30					.... , ...	.... , ...		.... , ...

Total : .... , ...

Mois _____ 20 ____

N°	Date	Réf.	Client	Désignation	Dépenses	Recettes	Moyen de paiement	Solde
1					.... , ...	.... , ...		.... , ...
2					.... , ...	.... , ...		.... , ...
3					.... , ...	.... , ...		.... , ...
4					.... , ...	.... , ...		.... , ...
5					.... , ...	.... , ...		.... , ...
6					.... , ...	.... , ...		.... , ...
7					.... , ...	.... , ...		.... , ...
8					.... , ...	.... , ...		.... , ...
9					.... , ...	.... , ...		.... , ...
10					.... , ...	.... , ...		.... , ...
11					.... , ...	.... , ...		.... , ...
12					.... , ...	.... , ...		.... , ...
13					.... , ...	.... , ...		.... , ...
14					.... , ...	.... , ...		.... , ...
15					.... , ...	.... , ...		.... , ...
16					.... , ...	.... , ...		.... , ...
17					.... , ...	.... , ...		.... , ...
18					.... , ...	.... , ...		.... , ...
19					.... , ...	.... , ...		.... , ...
20					.... , ...	.... , ...		.... , ...
21					.... , ...	.... , ...		.... , ...
22					.... , ...	.... , ...		.... , ...
23					.... , ...	.... , ...		.... , ...
24					.... , ...	.... , ...		.... , ...
25					.... , ...	.... , ...		.... , ...
26					.... , ...	.... , ...		.... , ...
27					.... , ...	.... , ...		.... , ...
28					.... , ...	.... , ...		.... , ...
29					.... , ...	.... , ...		.... , ...
30					.... , ...	.... , ...		.... , ...
							Total	.... , ...

Mois _____   20 _____

N°	Date	Réf.	Client	Désignation	Dépenses	Recettes	Moyen de paiement	Solde
1					.... , ...	.... , ...		.... , ...
2					.... , ...	.... , ...		.... , ...
3					.... , ...	.... , ...		.... , ...
4					.... , ...	.... , ...		.... , ...
5					.... , ...	.... , ...		.... , ...
6					.... , ...	.... , ...		.... , ...
7					.... , ...	.... , ...		.... , ...
8					.... , ...	.... , ...		.... , ...
9					.... , ...	.... , ...		.... , ...
10					.... , ...	.... , ...		.... , ...
11					.... , ...	.... , ...		.... , ...
12					.... , ...	.... , ...		.... , ...
13					.... , ...	.... , ...		.... , ...
14					.... , ...	.... , ...		.... , ...
15					.... , ...	.... , ...		.... , ...
16					.... , ...	.... , ...		.... , ...
17					.... , ...	.... , ...		.... , ...
18					.... , ...	.... , ...		.... , ...
19					.... , ...	.... , ...		.... , ...
20					.... , ...	.... , ...		.... , ...
21					.... , ...	.... , ...		.... , ...
22					.... , ...	.... , ...		.... , ...
23					.... , ...	.... , ...		.... , ...
24					.... , ...	.... , ...		.... , ...
25					.... , ...	.... , ...		.... , ...
26					.... , ...	.... , ...		.... , ...
27					.... , ...	.... , ...		.... , ...
28					.... , ...	.... , ...		.... , ...
29					.... , ...	.... , ...		.... , ...
30					.... , ...	.... , ...		.... , ...
							Total	.... , ...

Mois _____ 20_____

N°	Date	Réf.	Client	Désignation	Dépenses	Recettes	Moyen de paiement	Solde
1					.... , ...	.... , ...		.... , ...
2					.... , ...	.... , ...		.... , ...
3					.... , ...	.... , ...		.... , ...
4					.... , ...	.... , ...		.... , ...
5					.... , ...	.... , ...		.... , ...
6					.... , ...	.... , ...		.... , ...
7					.... , ...	.... , ...		.... , ...
8					.... , ...	.... , ...		.... , ...
9					.... , ...	.... , ...		.... , ...
10					.... , ...	.... , ...		.... , ...
11					.... , ...	.... , ...		.... , ...
12					.... , ...	.... , ...		.... , ...
13					.... , ...	.... , ...		.... , ...
14					.... , ...	.... , ...		.... , ...
15					.... , ...	.... , ...		.... , ...
16					.... , ...	.... , ...		.... , ...
17					.... , ...	.... , ...		.... , ...
18					.... , ...	.... , ...		.... , ...
19					.... , ...	.... , ...		.... , ...
20					.... , ...	.... , ...		.... , ...
21					.... , ...	.... , ...		.... , ...
22					.... , ...	.... , ...		.... , ...
23					.... , ...	.... , ...		.... , ...
24					.... , ...	.... , ...		.... , ...
25					.... , ...	.... , ...		.... , ...
26					.... , ...	.... , ...		.... , ...
27					.... , ...	.... , ...		.... , ...
28					.... , ...	.... , ...		.... , ...
29					.... , ...	.... , ...		.... , ...
30					.... , ...	.... , ...		.... , ...

	Total
	.... , ...

Mois .... **20**......

N°	Date	Réf.	Client	Désignation	Dépenses	Recettes	Moyen de paiement	Solde
1					.... , ...	.... , ...		.... , ...
2					.... , ...	.... , ...		.... , ...
3					.... , ...	.... , ...		.... , ...
4					.... , ...	.... , ...		.... , ...
5					.... , ...	.... , ...		.... , ...
6					.... , ...	.... , ...		.... , ...
7					.... , ...	.... , ...		.... , ...
8					.... , ...	.... , ...		.... , ...
9					.... , ...	.... , ...		.... , ...
10					.... , ...	.... , ...		.... , ...
11					.... , ...	.... , ...		.... , ...
12					.... , ...	.... , ...		.... , ...
13					.... , ...	.... , ...		.... , ...
14					.... , ...	.... , ...		.... , ...
15					.... , ...	.... , ...		.... , ...
16					.... , ...	.... , ...		.... , ...
17					.... , ...	.... , ...		.... , ...
18					.... , ...	.... , ...		.... , ...
19					.... , ...	.... , ...		.... , ...
20					.... , ...	.... , ...		.... , ...
21					.... , ...	.... , ...		.... , ...
22					.... , ...	.... , ...		.... , ...
23					.... , ...	.... , ...		.... , ...
24					.... , ...	.... , ...		.... , ...
25					.... , ...	.... , ...		.... , ...
26					.... , ...	.... , ...		.... , ...
27					.... , ...	.... , ...		.... , ...
28					.... , ...	.... , ...		.... , ...
29					.... , ...	.... , ...		.... , ...
30					.... , ...	.... , ...		.... , ...
							Total	.... , ...

Mois _____ **20** _____

N°	Date	Réf.	Client	Désignation	Dépenses	Recettes	Moyen de paiement	Solde
1					.... , ...	.... , ...		.... , ...
2					.... , ...	.... , ...		.... , ...
3					.... , ...	.... , ...		.... , ...
4					.... , ...	.... , ...		.... , ...
5					.... , ...	.... , ...		.... , ...
6					.... , ...	.... , ...		.... , ...
7					.... , ...	.... , ...		.... , ...
8					.... , ...	.... , ...		.... , ...
9					.... , ...	.... , ...		.... , ...
10					.... , ...	.... , ...		.... , ...
11					.... , ...	.... , ...		.... , ...
12					.... , ...	.... , ...		.... , ...
13					.... , ...	.... , ...		.... , ...
14					.... , ...	.... , ...		.... , ...
15					.... , ...	.... , ...		.... , ...
16					.... , ...	.... , ...		.... , ...
17					.... , ...	.... , ...		.... , ...
18					.... , ...	.... , ...		.... , ...
19					.... , ...	.... , ...		.... , ...
20					.... , ...	.... , ...		.... , ...
21					.... , ...	.... , ...		.... , ...
22					.... , ...	.... , ...		.... , ...
23					.... , ...	.... , ...		.... , ...
24					.... , ...	.... , ...		.... , ...
25					.... , ...	.... , ...		.... , ...
26					.... , ...	.... , ...		.... , ...
27					.... , ...	.... , ...		.... , ...
28					.... , ...	.... , ...		.... , ...
29					.... , ...	.... , ...		.... , ...
30					.... , ...	.... , ...		.... , ...
							Total	.... , ...

Mois _____   20 _____

N°	Date	Réf.	Client	Désignation	Dépenses	Recettes	Moyen de paiement	Solde
1					.... , ...	.... , ...		.... , ...
2					.... , ...	.... , ...		.... , ...
3					.... , ...	.... , ...		.... , ...
4					.... , ...	.... , ...		.... , ...
5					.... , ...	.... , ...		.... , ...
6					.... , ...	.... , ...		.... , ...
7					.... , ...	.... , ...		.... , ...
8					.... , ...	.... , ...		.... , ...
9					.... , ...	.... , ...		.... , ...
10					.... , ...	.... , ...		.... , ...
11					.... , ...	.... , ...		.... , ...
12					.... , ...	.... , ...		.... , ...
13					.... , ...	.... , ...		.... , ...
14					.... , ...	.... , ...		.... , ...
15					.... , ...	.... , ...		.... , ...
16					.... , ...	.... , ...		.... , ...
17					.... , ...	.... , ...		.... , ...
18					.... , ...	.... , ...		.... , ...
19					.... , ...	.... , ...		.... , ...
20					.... , ...	.... , ...		.... , ...
21					.... , ...	.... , ...		.... , ...
22					.... , ...	.... , ...		.... , ...
23					.... , ...	.... , ...		.... , ...
24					.... , ...	.... , ...		.... , ...
25					.... , ...	.... , ...		.... , ...
26					.... , ...	.... , ...		.... , ...
27					.... , ...	.... , ...		.... , ...
28					.... , ...	.... , ...		.... , ...
29					.... , ...	.... , ...		.... , ...
30					.... , ...	.... , ...		.... , ...
							Total	.... , ...

Mois _____   20 _____

N°	Date	Réf.	Client	Désignation	Dépenses	Recettes	Moyen de paiement	Solde
1					.... , ...	.... , ...		.... , ...
2					.... , ...	.... , ...		.... , ...
3					.... , ...	.... , ...		.... , ...
4					.... , ...	.... , ...		.... , ...
5					.... , ...	.... , ...		.... , ...
6					.... , ...	.... , ...		.... , ...
7					.... , ...	.... , ...		.... , ...
8					.... , ...	.... , ...		.... , ...
9					.... , ...	.... , ...		.... , ...
10					.... , ...	.... , ...		.... , ...
11					.... , ...	.... , ...		.... , ...
12					.... , ...	.... , ...		.... , ...
13					.... , ...	.... , ...		.... , ...
14					.... , ...	.... , ...		.... , ...
15					.... , ...	.... , ...		.... , ...
16					.... , ...	.... , ...		.... , ...
17					.... , ...	.... , ...		.... , ...
18					.... , ...	.... , ...		.... , ...
19					.... , ...	.... , ...		.... , ...
20					.... , ...	.... , ...		.... , ...
21					.... , ...	.... , ...		.... , ...
22					.... , ...	.... , ...		.... , ...
23					.... , ...	.... , ...		.... , ...
24					.... , ...	.... , ...		.... , ...
25					.... , ...	.... , ...		.... , ...
26					.... , ...	.... , ...		.... , ...
27					.... , ...	.... , ...		.... , ...
28					.... , ...	.... , ...		.... , ...
29					.... , ...	.... , ...		.... , ...
30					.... , ...	.... , ...		.... , ...
							Total	.... , ...

Mois   20

N°	Date	Réf.	Client	Désignation	Dépenses	Recettes	Moyen de paiement	Solde
1					.... , ...	.... , ...		.... , ...
2					.... , ...	.... , ...		.... , ...
3					.... , ...	.... , ...		.... , ...
4					.... , ...	.... , ...		.... , ...
5					.... , ...	.... , ...		.... , ...
6					.... , ...	.... , ...		.... , ...
7					.... , ...	.... , ...		.... , ...
8					.... , ...	.... , ...		.... , ...
9					.... , ...	.... , ...		.... , ...
10					.... , ...	.... , ...		.... , ...
11					.... , ...	.... , ...		.... , ...
12					.... , ...	.... , ...		.... , ...
13					.... , ...	.... , ...		.... , ...
14					.... , ...	.... , ...		.... , ...
15					.... , ...	.... , ...		.... , ...
16					.... , ...	.... , ...		.... , ...
17					.... , ...	.... , ...		.... , ...
18					.... , ...	.... , ...		.... , ...
19					.... , ...	.... , ...		.... , ...
20					.... , ...	.... , ...		.... , ...
21					.... , ...	.... , ...		.... , ...
22					.... , ...	.... , ...		.... , ...
23					.... , ...	.... , ...		.... , ...
24					.... , ...	.... , ...		.... , ...
25					.... , ...	.... , ...		.... , ...
26					.... , ...	.... , ...		.... , ...
27					.... , ...	.... , ...		.... , ...
28					.... , ...	.... , ...		.... , ...
29					.... , ...	.... , ...		.... , ...
30					.... , ...	.... , ...		.... , ...
							Total	.... , ...

Mois _____ 20____

N°	Date	Réf.	Client	Désignation	Dépenses	Recettes	Moyen de paiement	Solde
1					.... , ...	.... , ...		.... , ...
2					.... , ...	.... , ...		.... , ...
3					.... , ...	.... , ...		.... , ...
4					.... , ...	.... , ...		.... , ...
5					.... , ...	.... , ...		.... , ...
6					.... , ...	.... , ...		.... , ...
7					.... , ...	.... , ...		.... , ...
8					.... , ...	.... , ...		.... , ...
9					.... , ...	.... , ...		.... , ...
10					.... , ...	.... , ...		.... , ...
11					.... , ...	.... , ...		.... , ...
12					.... , ...	.... , ...		.... , ...
13					.... , ...	.... , ...		.... , ...
14					.... , ...	.... , ...		.... , ...
15					.... , ...	.... , ...		.... , ...
16					.... , ...	.... , ...		.... , ...
17					.... , ...	.... , ...		.... , ...
18					.... , ...	.... , ...		.... , ...
19					.... , ...	.... , ...		.... , ...
20					.... , ...	.... , ...		.... , ...
21					.... , ...	.... , ...		.... , ...
22					.... , ...	.... , ...		.... , ...
23					.... , ...	.... , ...		.... , ...
24					.... , ...	.... , ...		.... , ...
25					.... , ...	.... , ...		.... , ...
26					.... , ...	.... , ...		.... , ...
27					.... , ...	.... , ...		.... , ...
28					.... , ...	.... , ...		.... , ...
29					.... , ...	.... , ...		.... , ...
30					.... , ...	.... , ...		.... , ...
							Total	.... , ...

Mois _____ 20 _____

N°	Date	Réf.	Client	Désignation	Dépenses	Recettes	Moyen de paiement	Solde
1					.... , ...	.... , ...		.... , ...
2					.... , ...	.... , ...		.... , ...
3					.... , ...	.... , ...		.... , ...
4					.... , ...	.... , ...		.... , ...
5					.... , ...	.... , ...		.... , ...
6					.... , ...	.... , ...		.... , ...
7					.... , ...	.... , ...		.... , ...
8					.... , ...	.... , ...		.... , ...
9					.... , ...	.... , ...		.... , ...
10					.... , ...	.... , ...		.... , ...
11					.... , ...	.... , ...		.... , ...
12					.... , ...	.... , ...		.... , ...
13					.... , ...	.... , ...		.... , ...
14					.... , ...	.... , ...		.... , ...
15					.... , ...	.... , ...		.... , ...
16					.... , ...	.... , ...		.... , ...
17					.... , ...	.... , ...		.... , ...
18					.... , ...	.... , ...		.... , ...
19					.... , ...	.... , ...		.... , ...
20					.... , ...	.... , ...		.... , ...
21					.... , ...	.... , ...		.... , ...
22					.... , ...	.... , ...		.... , ...
23					.... , ...	.... , ...		.... , ...
24					.... , ...	.... , ...		.... , ...
25					.... , ...	.... , ...		.... , ...
26					.... , ...	.... , ...		.... , ...
27					.... , ...	.... , ...		.... , ...
28					.... , ...	.... , ...		.... , ...
29					.... , ...	.... , ...		.... , ...
30					.... , ...	.... , ...		.... , ...
							Total	.... , ...

Mois _____ 20 ___

N°	Date	Réf.	Client	Désignation	Dépenses	Recettes	Moyen de paiement	Solde
1					.... , ...	.... , ...		.... , ...
2					.... , ...	.... , ...		.... , ...
3					.... , ...	.... , ...		.... , ...
4					.... , ...	.... , ...		.... , ...
5					.... , ...	.... , ...		.... , ...
6					.... , ...	.... , ...		.... , ...
7					.... , ...	.... , ...		.... , ...
8					.... , ...	.... , ...		.... , ...
9					.... , ...	.... , ...		.... , ...
10					.... , ...	.... , ...		.... , ...
11					.... , ...	.... , ...		.... , ...
12					.... , ...	.... , ...		.... , ...
13					.... , ...	.... , ...		.... , ...
14					.... , ...	.... , ...		.... , ...
15					.... , ...	.... , ...		.... , ...
16					.... , ...	.... , ...		.... , ...
17					.... , ...	.... , ...		.... , ...
18					.... , ...	.... , ...		.... , ...
19					.... , ...	.... , ...		.... , ...
20					.... , ...	.... , ...		.... , ...
21					.... , ...	.... , ...		.... , ...
22					.... , ...	.... , ...		.... , ...
23					.... , ...	.... , ...		.... , ...
24					.... , ...	.... , ...		.... , ...
25					.... , ...	.... , ...		.... , ...
26					.... , ...	.... , ...		.... , ...
27					.... , ...	.... , ...		.... , ...
28					.... , ...	.... , ...		.... , ...
29					.... , ...	.... , ...		.... , ...
30					.... , ...	.... , ...		.... , ...

	Total	.... , ...

Mois 20

N°	Date	Réf.	Client	Désignation	Dépenses	Recettes	Moyen de paiement	Solde
1					.... , ...	.... , ...		.... , ...
2					.... , ...	.... , ...		.... , ...
3					.... , ...	.... , ...		.... , ...
4					.... , ...	.... , ...		.... , ...
5					.... , ...	.... , ...		.... , ...
6					.... , ...	.... , ...		.... , ...
7					.... , ...	.... , ...		.... , ...
8					.... , ...	.... , ...		.... , ...
9					.... , ...	.... , ...		.... , ...
10					.... , ...	.... , ...		.... , ...
11					.... , ...	.... , ...		.... , ...
12					.... , ...	.... , ...		.... , ...
13					.... , ...	.... , ...		.... , ...
14					.... , ...	.... , ...		.... , ...
15					.... , ...	.... , ...		.... , ...
16					.... , ...	.... , ...		.... , ...
17					.... , ...	.... , ...		.... , ...
18					.... , ...	.... , ...		.... , ...
19					.... , ...	.... , ...		.... , ...
20					.... , ...	.... , ...		.... , ...
21					.... , ...	.... , ...		.... , ...
22					.... , ...	.... , ...		.... , ...
23					.... , ...	.... , ...		.... , ...
24					.... , ...	.... , ...		.... , ...
25					.... , ...	.... , ...		.... , ...
26					.... , ...	.... , ...		.... , ...
27					.... , ...	.... , ...		.... , ...
28					.... , ...	.... , ...		.... , ...
29					.... , ...	.... , ...		.... , ...
30					.... , ...	.... , ...		.... , ...
							Total	.... , ...

Mois _____ 20 _____

N°	Date	Réf.	Client	Désignation	Dépenses	Recettes	Moyen de paiement	Solde
1					.... , ...	.... , ...		.... , ...
2					.... , ...	.... , ...		.... , ...
3					.... , ...	.... , ...		.... , ...
4					.... , ...	.... , ...		.... , ...
5					.... , ...	.... , ...		.... , ...
6					.... , ...	.... , ...		.... , ...
7					.... , ...	.... , ...		.... , ...
8					.... , ...	.... , ...		.... , ...
9					.... , ...	.... , ...		.... , ...
10					.... , ...	.... , ...		.... , ...
11					.... , ...	.... , ...		.... , ...
12					.... , ...	.... , ...		.... , ...
13					.... , ...	.... , ...		.... , ...
14					.... , ...	.... , ...		.... , ...
15					.... , ...	.... , ...		.... , ...
16					.... , ...	.... , ...		.... , ...
17					.... , ...	.... , ...		.... , ...
18					.... , ...	.... , ...		.... , ...
19					.... , ...	.... , ...		.... , ...
20					.... , ...	.... , ...		.... , ...
21					.... , ...	.... , ...		.... , ...
22					.... , ...	.... , ...		.... , ...
23					.... , ...	.... , ...		.... , ...
24					.... , ...	.... , ...		.... , ...
25					.... , ...	.... , ...		.... , ...
26					.... , ...	.... , ...		.... , ...
27					.... , ...	.... , ...		.... , ...
28					.... , ...	.... , ...		.... , ...
29					.... , ...	.... , ...		.... , ...
30					.... , ...	.... , ...		.... , ...
							Total	.... , ...

Mois _____ 20 ____

N°	Date	Réf.	Client	Désignation	Dépenses	Recettes	Moyen de paiement	Solde
1					.... , ...	.... , ...		.... , ...
2					.... , ...	.... , ...		.... , ...
3					.... , ...	.... , ...		.... , ...
4					.... , ...	.... , ...		.... , ...
5					.... , ...	.... , ...		.... , ...
6					.... , ...	.... , ...		.... , ...
7					.... , ...	.... , ...		.... , ...
8					.... , ...	.... , ...		.... , ...
9					.... , ...	.... , ...		.... , ...
10					.... , ...	.... , ...		.... , ...
11					.... , ...	.... , ...		.... , ...
12					.... , ...	.... , ...		.... , ...
13					.... , ...	.... , ...		.... , ...
14					.... , ...	.... , ...		.... , ...
15					.... , ...	.... , ...		.... , ...
16					.... , ...	.... , ...		.... , ...
17					.... , ...	.... , ...		.... , ...
18					.... , ...	.... , ...		.... , ...
19					.... , ...	.... , ...		.... , ...
20					.... , ...	.... , ...		.... , ...
21					.... , ...	.... , ...		.... , ...
22					.... , ...	.... , ...		.... , ...
23					.... , ...	.... , ...		.... , ...
24					.... , ...	.... , ...		.... , ...
25					.... , ...	.... , ...		.... , ...
26					.... , ...	.... , ...		.... , ...
27					.... , ...	.... , ...		.... , ...
28					.... , ...	.... , ...		.... , ...
29					.... , ...	.... , ...		.... , ...
30					.... , ...	.... , ...		.... , ...
							Total	.... , ...

Mois _____   20____

N°	Date	Réf.	Client	Désignation	Dépenses	Recettes	Moyen de paiement	Solde
1					.... , ...	.... , ...		.... , ...
2					.... , ...	.... , ...		.... , ...
3					.... , ...	.... , ...		.... , ...
4					.... , ...	.... , ...		.... , ...
5					.... , ...	.... , ...		.... , ...
6					.... , ...	.... , ...		.... , ...
7					.... , ...	.... , ...		.... , ...
8					.... , ...	.... , ...		.... , ...
9					.... , ...	.... , ...		.... , ...
10					.... , ...	.... , ...		.... , ...
11					.... , ...	.... , ...		.... , ...
12					.... , ...	.... , ...		.... , ...
13					.... , ...	.... , ...		.... , ...
14					.... , ...	.... , ...		.... , ...
15					.... , ...	.... , ...		.... , ...
16					.... , ...	.... , ...		.... , ...
17					.... , ...	.... , ...		.... , ...
18					.... , ...	.... , ...		.... , ...
19					.... , ...	.... , ...		.... , ...
20					.... , ...	.... , ...		.... , ...
21					.... , ...	.... , ...		.... , ...
22					.... , ...	.... , ...		.... , ...
23					.... , ...	.... , ...		.... , ...
24					.... , ...	.... , ...		.... , ...
25					.... , ...	.... , ...		.... , ...
26					.... , ...	.... , ...		.... , ...
27					.... , ...	.... , ...		.... , ...
28					.... , ...	.... , ...		.... , ...
29					.... , ...	.... , ...		.... , ...
30					.... , ...	.... , ...		.... , ...
							Total	.... , ...

Mois _____   20 _____

N°	Date	Réf.	Client	Désignation	Dépenses	Recettes	Moyen de paiement	Solde
1					.... , ...	.... , ...		.... , ...
2					.... , ...	.... , ...		.... , ...
3					.... , ...	.... , ...		.... , ...
4					.... , ...	.... , ...		.... , ...
5					.... , ...	.... , ...		.... , ...
6					.... , ...	.... , ...		.... , ...
7					.... , ...	.... , ...		.... , ...
8					.... , ...	.... , ...		.... , ...
9					.... , ...	.... , ...		.... , ...
10					.... , ...	.... , ...		.... , ...
11					.... , ...	.... , ...		.... , ...
12					.... , ...	.... , ...		.... , ...
13					.... , ...	.... , ...		.... , ...
14					.... , ...	.... , ...		.... , ...
15					.... , ...	.... , ...		.... , ...
16					.... , ...	.... , ...		.... , ...
17					.... , ...	.... , ...		.... , ...
18					.... , ...	.... , ...		.... , ...
19					.... , ...	.... , ...		.... , ...
20					.... , ...	.... , ...		.... , ...
21					.... , ...	.... , ...		.... , ...
22					.... , ...	.... , ...		.... , ...
23					.... , ...	.... , ...		.... , ...
24					.... , ...	.... , ...		.... , ...
25					.... , ...	.... , ...		.... , ...
26					.... , ...	.... , ...		.... , ...
27					.... , ...	.... , ...		.... , ...
28					.... , ...	.... , ...		.... , ...
29					.... , ...	.... , ...		.... , ...
30					.... , ...	.... , ...		.... , ...
							Total	.... , ...

Mois _____ 20 ___

N°	Date	Réf.	Client	Désignation	Dépenses	Recettes	Moyen de paiement	Solde
1					........,....	........,....		........,....
2					........,....	........,....		........,....
3					........,....	........,....		........,....
4					........,....	........,....		........,....
5					........,....	........,....		........,....
6					........,....	........,....		........,....
7					........,....	........,....		........,....
8					........,....	........,....		........,....
9					........,....	........,....		........,....
10					........,....	........,....		........,....
11					........,....	........,....		........,....
12					........,....	........,....		........,....
13					........,....	........,....		........,....
14					........,....	........,....		........,....
15					........,....	........,....		........,....
16					........,....	........,....		........,....
17					........,....	........,....		........,....
18					........,....	........,....		........,....
19					........,....	........,....		........,....
20					........,....	........,....		........,....
21					........,....	........,....		........,....
22					........,....	........,....		........,....
23					........,....	........,....		........,....
24					........,....	........,....		........,....
25					........,....	........,....		........,....
26					........,....	........,....		........,....
27					........,....	........,....		........,....
28					........,....	........,....		........,....
29					........,....	........,....		........,....
30					........,....	........,....		........,....
							Total	........,....

Mois _____ 20___

N°	Date	Réf.	Client	Désignation	Dépenses	Recettes	Moyen de paiement	Solde
1					.... , ...	.... , ...		.... , ...
2					.... , ...	.... , ...		.... , ...
3					.... , ...	.... , ...		.... , ...
4					.... , ...	.... , ...		.... , ...
5					.... , ...	.... , ...		.... , ...
6					.... , ...	.... , ...		.... , ...
7					.... , ...	.... , ...		.... , ...
8					.... , ...	.... , ...		.... , ...
9					.... , ...	.... , ...		.... , ...
10					.... , ...	.... , ...		.... , ...
11					.... , ...	.... , ...		.... , ...
12					.... , ...	.... , ...		.... , ...
13					.... , ...	.... , ...		.... , ...
14					.... , ...	.... , ...		.... , ...
15					.... , ...	.... , ...		.... , ...
16					.... , ...	.... , ...		.... , ...
17					.... , ...	.... , ...		.... , ...
18					.... , ...	.... , ...		.... , ...
19					.... , ...	.... , ...		.... , ...
20					.... , ...	.... , ...		.... , ...
21					.... , ...	.... , ...		.... , ...
22					.... , ...	.... , ...		.... , ...
23					.... , ...	.... , ...		.... , ...
24					.... , ...	.... , ...		.... , ...
25					.... , ...	.... , ...		.... , ...
26					.... , ...	.... , ...		.... , ...
27					.... , ...	.... , ...		.... , ...
28					.... , ...	.... , ...		.... , ...
29					.... , ...	.... , ...		.... , ...
30					.... , ...	.... , ...		.... , ...
							Total	.... , ...

Mois   20

N°	Date	Réf.	Client	Désignation	Dépenses	Recettes	Moyen de paiement	Solde
1					.... , ...	.... , ...		.... , ...
2					.... , ...	.... , ...		.... , ...
3					.... , ...	.... , ...		.... , ...
4					.... , ...	.... , ...		.... , ...
5					.... , ...	.... , ...		.... , ...
6					.... , ...	.... , ...		.... , ...
7					.... , ...	.... , ...		.... , ...
8					.... , ...	.... , ...		.... , ...
9					.... , ...	.... , ...		.... , ...
10					.... , ...	.... , ...		.... , ...
11					.... , ...	.... , ...		.... , ...
12					.... , ...	.... , ...		.... , ...
13					.... , ...	.... , ...		.... , ...
14					.... , ...	.... , ...		.... , ...
15					.... , ...	.... , ...		.... , ...
16					.... , ...	.... , ...		.... , ...
17					.... , ...	.... , ...		.... , ...
18					.... , ...	.... , ...		.... , ...
19					.... , ...	.... , ...		.... , ...
20					.... , ...	.... , ...		.... , ...
21					.... , ...	.... , ...		.... , ...
22					.... , ...	.... , ...		.... , ...
23					.... , ...	.... , ...		.... , ...
24					.... , ...	.... , ...		.... , ...
25					.... , ...	.... , ...		.... , ...
26					.... , ...	.... , ...		.... , ...
27					.... , ...	.... , ...		.... , ...
28					.... , ...	.... , ...		.... , ...
29					.... , ...	.... , ...		.... , ...
30					.... , ...	.... , ...		.... , ...
							Total	.... , ...

Mois   20

N°	Date	Réf.	Client	Désignation	Dépenses	Recettes	Moyen de paiement	Solde
1					.... , ...	.... , ...		.... , ...
2					.... , ...	.... , ...		.... , ...
3					.... , ...	.... , ...		.... , ...
4					.... , ...	.... , ...		.... , ...
5					.... , ...	.... , ...		.... , ...
6					.... , ...	.... , ...		.... , ...
7					.... , ...	.... , ...		.... , ...
8					.... , ...	.... , ...		.... , ...
9					.... , ...	.... , ...		.... , ...
10					.... , ...	.... , ...		.... , ...
11					.... , ...	.... , ...		.... , ...
12					.... , ...	.... , ...		.... , ...
13					.... , ...	.... , ...		.... , ...
14					.... , ...	.... , ...		.... , ...
15					.... , ...	.... , ...		.... , ...
16					.... , ...	.... , ...		.... , ...
17					.... , ...	.... , ...		.... , ...
18					.... , ...	.... , ...		.... , ...
19					.... , ...	.... , ...		.... , ...
20					.... , ...	.... , ...		.... , ...
21					.... , ...	.... , ...		.... , ...
22					.... , ...	.... , ...		.... , ...
23					.... , ...	.... , ...		.... , ...
24					.... , ...	.... , ...		.... , ...
25					.... , ...	.... , ...		.... , ...
26					.... , ...	.... , ...		.... , ...
27					.... , ...	.... , ...		.... , ...
28					.... , ...	.... , ...		.... , ...
29					.... , ...	.... , ...		.... , ...
30					.... , ...	.... , ...		.... , ...
							Total	.... , ...

Mois _____ 20 ____

N°	Date	Réf.	Client	Désignation	Dépenses	Recettes	Moyen de paiement	Solde
1					.... , ...	.... , ...		.... , ...
2					.... , ...	.... , ...		.... , ...
3					.... , ...	.... , ...		.... , ...
4					.... , ...	.... , ...		.... , ...
5					.... , ...	.... , ...		.... , ...
6					.... , ...	.... , ...		.... , ...
7					.... , ...	.... , ...		.... , ...
8					.... , ...	.... , ...		.... , ...
9					.... , ...	.... , ...		.... , ...
10					.... , ...	.... , ...		.... , ...
11					.... , ...	.... , ...		.... , ...
12					.... , ...	.... , ...		.... , ...
13					.... , ...	.... , ...		.... , ...
14					.... , ...	.... , ...		.... , ...
15					.... , ...	.... , ...		.... , ...
16					.... , ...	.... , ...		.... , ...
17					.... , ...	.... , ...		.... , ...
18					.... , ...	.... , ...		.... , ...
19					.... , ...	.... , ...		.... , ...
20					.... , ...	.... , ...		.... , ...
21					.... , ...	.... , ...		.... , ...
22					.... , ...	.... , ...		.... , ...
23					.... , ...	.... , ...		.... , ...
24					.... , ...	.... , ...		.... , ...
25					.... , ...	.... , ...		.... , ...
26					.... , ...	.... , ...		.... , ...
27					.... , ...	.... , ...		.... , ...
28					.... , ...	.... , ...		.... , ...
29					.... , ...	.... , ...		.... , ...
30					.... , ...	.... , ...		.... , ...
							Total	.... , ...

www.ingramcontent.com/pod-product-compliance
Lightning Source LLC
Chambersburg PA
CBHW081447220526
45466CB00008B/2537
* 9 7 8 1 7 0 0 6 6 6 0 6 2 *